edition suhrkamp
es 2446

Die Ukraine, der zweitgrößte europäische Staat, ist auf unserer literarischen Landkarte nicht einmal in Umrissen vorhanden. Juri Andruchowytsch, der international renommierteste ukrainische Autor, nimmt die begrenzten Kenntnisse seines Publikums in Westeuropa und in den USA ernst und bringt ihm in einer Reihe brillanter Essays diese unbekannte Region nahe. Jeder, der einmal die westliche Staatsgrenze der Ukraine überquert hat, erfährt, daß hier auch zehn Jahre nach der Unabhängigkeit noch immer eine Trennlinie verläuft: »zwischen Europa und etwas anderem«. Erfrischend im Ton, farbig im Detail und voller Ironie beschreibt er die postsowjetische Realität seines Landes: Lemberg und Kiew, Spuren des untergegangenen Galiziens und die Katastrophe von Tschernobyl, den Exodus der Bevölkerung Richtung Westen und die repressive Medienpolitik der Regierung, aber auch die sonderbare Existenz von Künstlern, Schriftstellern und Intellektuellen in einem Land, »aus dem man weggeht«.
Juri Andruchowytsch, 1960 geboren, veröffentlicht seit 1982 Gedichte, Essays und Romane. Sein Werk wurde vielfach ausgezeichnet. Er lebt in Iwano-Frankiwsk in der Westukraine.

Foto: gezett.de

Juri Andruchowytsch
Das letzte Territorium

Essays

Aus dem Ukrainischen
von Alois Woldan

Suhrkamp

Mit Fotografien von
Tadeusz Rolke
Desorientierung vor Ort und das Nachwort wurden
von Sofia Onufriv übersetzt.

edition suhrkamp 2446
Erste Auflage 2003
© Juri Andruchowytsch
© der deutschen Ausgabe Suhrkamp Verlag Frankfurt am Main 2003
Deutsche Erstausgabe
Alle Rechte vorbehalten, insbesondere das des öffentlichen Vortrags
sowie der Übertragung durch Rundfunk und Fernsehen,
auch einzelner Teile.
Kein Teil des Werkes darf in irgendeiner Form
(durch Fotografie, Mikrofilm oder andere Verfahren)
ohne schriftliche Genehmigung des Verlages reproduziert
oder unter Verwendung elektronischer Systeme verarbeitet,
vervielfältigt oder verbreitet werden.
Satz: Jung Crossmedia, Lahnau
Druck: Nomos Verlagsgesellschaft, Baden-Baden
Umschlag gestaltet nach einem Konzept von Willy Fleckhaus
Printed in Germany
ISBN 3-518-12446-3

3 4 5 6 7 8 – 09 08 07 06 05 04

Das letzte Territorium

Desorientierung vor Ort

Der Inselort lag im Norden, er war nur übers Wasser zu erreichen, genauer: über die Wasser des Finnischen Meerbusens. Man hatte mir diesen Ausflug empfohlen, weil in der finnischen Hauptstadt ein chronischer Mangel an starken Landschaftseindrücken herrscht. Helsinki ist eine außerordentlich bequeme, angenehme Stadt, doch sonderlich interessant kommt sie mir nicht vor. Nur eine Seefestung konnte die Situation retten.

Die Festung hat, wie auch alles andere in diesem Land, zwei Namen – einen finnischen und einen schwedischen. Offiziell heißt es, in Finnland gäbe es durchaus keine »schwedische Minderheit«, vielmehr habe man es mit »schwedischsprachigen Finnen« zu tun. Und aus Respekt vor ihnen verwende man auf offiziellen Schildern eben beide Sprachen. Dabei sei das Schwedische allerdings nach Ansicht eines bekannten Witzboldes secunda inter pares. Nebenbei gesagt, während ich in Helsinki durch das Labyrinth der modernen städtischen Piktographie und Toponymik irrte, habe ich nach und nach nur noch auf die schwedischen Namen geachtet, irgendwelche Wurzelfäden verbinden sie vielleicht doch mit der germanischen, sächsischen, gotischen Welt – die finnischen Namen kann man ja noch nicht mal zu Ende lesen. Eine völlig andere Sprachfamilie, eine unerträglich komplizierte Struktur für einen Ausländer, sechzehn Fälle und so weiter.

Auf schwedisch heißt diese Festung also »Sveaborg« – Schwedenburg. Der finnische Name behauptet das Gegenteil – »Suomenlinna«. So haben sie sich eingelebt, so koexistieren sie auf allen Landkarten und Stadtplänen, in allen Reiseführern – Suomenlinna, Sveaborg.

Es war Samstag, eine Menschenmenge in Freizeitkluft mit Lust auf eine Seefahrt samt Kindern, Hunden, Rucksäcken und Fahrrädern, die schwarz-gelbe Wasser-Tram legte in der Nähe des Präsidentenpalasts ab, die Fahrt dauerte eine knappe halbe Stunde – am Kai Katajanokanlaituri/Skatuddskajen entlang, an der Insel Valkosaari/Blekholmen vorbei, quer durch den Wind auf Deck, die unverständlichen Worte, die sechzehn Beugungsfälle, Zeugungsbälle, und so weiter und so fort – patati und patata...

Der letztgenannte Umstand hat mich vermutlich dazu veranlaßt, nach der Landung nicht im Pulk mit den anderen zu gehen, sondern mich rechts in die Büsche zu schlagen, angelockt von einem schwarzen Gemäuer, das mit dichtem Unkraut überwuchert war (Mitte Juni, Norden, halberhitzter, halbverglühter Löwenzahn). Es roch nach Verwesung und Verfall, ich fühlte mich wohl, so allein, hinter jener Mauer könnte die erträumte Festung liegen. Doch fand ich dort nur einen gelben Gebäudekomplex im »Kasernenstil«, leer und still, vielleicht das ehemalige Inselgefängnis oder tatsächlich eine Kaserne oder eine Marineschule oder alles zugleich. Hier und da abblätternder Putz an den fleckigen Wänden, eine finnische Flagge am Mast über dem Haupteingang – und weit und breit kein Mensch. Mitten auf dem Exerzierplatz eine riesengroße Esche, erobert von einer Kompanie Raben, die mich mit gewaltigem Geschrei empfingen, als ob sie einen Admiral begrüßen müßten. Das war's dann auch schon.

Bis zur Rückfahrt der Fähre war noch eine Stunde Zeit. Ich hatte also keine Eile und konnte mir erlauben, diesen Moment ganz langsam zu durchleben: das Fehlen der Menschen, die Raben, das Gras. Dann ging ich – mit gleicher Konzentration – an der Mauer entlang. Schließlich kam ich ans Meer, blaß und still lag es da. Ein älteres türkisches Ehepaar aß zu Mittag, als Tisch dienten ihnen die Ufersteine. Ich knipste eine Möwe auf der Bastion, danach gab es nichts mehr zu tun. »Der Ort bedient sich des Menschen – seiner Konzentration, seines Verweilens in einer gewissermaßen optischen Melancholie. Ähnlich wie das Spiegelbild braucht so ein Ort den

Blick des Anderen, damit er überhaupt sichtbar wird und seine Anwesenheit verrät« –, sagte einige Tage später Schamschad Abdullajew, ein Dichter aus Fergana. Ich glaube, ich habe verstanden.

Plötzlich wurde mir klar, daß ich überhaupt keine Festung gesehen hatte. Ich hatte irgend etwas völlig anderes für das annoncierte Fort gehalten und am falschen Ort jede Menge kostbarer Zeit verplempert. Um zur Festung zu gelangen, hätte ich mich unmittelbar nach der Landung der Masse anschließen müssen. Ich stürmte zur anderen Inselseite, vorbei an den Bierkiosks, Tennisplätzen, einer lutherischen Kirche und hölzernen Villen. Die Festung befand sich auf einem künstlichen Hügel, sie war seinerzeit von dem schwedischen König Gustav IV. entworfen worden – plötzlich überfiel mich der Gedanke an die Nichtigkeit der Welt, ich dachte an den unerfüllten schwedischen Wunsch nach einem großen baltischen Imperium, einem Superstaat, mir kam Poltawa in den Sinn, Kronstadt, das Ingenieurschloß in Petersburg, mir kam der Satz in den Sinn: »Es hätte auch alles ganz anders kommen können.« Im Hof der Festung tummelten sich wie immer und überall die Japaner. Aus irgendeinem Grund fotografierte ich das Denkmal für die schwedische Marine. Der Ort bediente sich meiner nach Belieben. Ich hatte nichts dagegen.

Carpathologia Cosmophilica
Versuch einer fiktiven Landeskunde

Es ist kaum zu glauben, aber die Gelehrten behaupten, die Karpaten seien in Urzeiten ein Meeresbecken gewesen. In den Bergen finden sich Überreste von Lebewesen aus dem Meer: Seeschnecken, Meerlilien u. a.

Aus einem Naturkundelehrbuch für die Grundschule

I

Seeschnecken, Meerlilien und Muscheln, Bartfäden vom Wal, Polypen, halbzerfallene Fischskelette, versteinerte Wirbel und Flossen, Kiefer von Meeresungeheuern, welche die Wissenschaft noch nie beschrieben hat, Rümpfe gesunkener Schiffe, von Gras und Vogelnestern überwuchert, (Spanten, Masten, manchmal nur mehr verblichene Taue und Segel) – diese unübersehbaren Beweise einer maritimen Vergangenheit der Karpaten begleiten jeden, der es wagt, den Höhenzug der Tschornohora an der rumänischen Grenze entlangzuwandern, im Rücken das feuchte, für Tabak und ungenießbare Trauben bekannte Paradies Südpokutiens und der Nordbukowina, vor sich die alte österreichische Heeresstraße und eine Reihe verführerisch verschneiter Gipfel, deren Namen zusammen mit denen der angrenzenden Bergwiesen und Niederungen eine endlose Reihe linguistischer und akustischer Assoziationen hervorrufen: Drahobrat, Pip Iwan, Petros, Turkul, Danzysch, Gadschyna, Rebra, Schpyzi, Rosschybenyk, Howerla... Wandert man über den Grund dieses nicht mehr existierenden Meeres, orientiert man sich nur an den Umrissen der Berge, den verlassenen Schützengräben aus dem Ersten Weltkrieg und den im Gras verstreuten Patronenhülsen, so kommt man am sechsten Tag der Reise (anderen Versionen zufolge um die sechste Stunde) schließlich bei der größten jener verlassenen Schiffsruinen heraus. Dabei halte man sich möglichst fern von dem toten Gewässer mit dem weiblichen Namen »Maritschajka« (manche meiner Bekannten aus Lwiw nennen ihn absolut grundlos »Tschajka-Maria«), an dessen Ufern der Wanderer von Alpträumen voll unergründlicher und belastender Symbolik heimgesucht wird; mögliche Ursache ist ein gewaltiger mental-energetischer Wirbel, ein raumzeitlicher Wirrwarr, ein astraler Sturz ins Bodenlose.

Die Einheimischen erklären sich das Phänomen damit, daß in der Umgebung des Sees die Träume der ertrunkenen Maria (Maritschajka) umherirren und kein Zuhause finden. Jeder, der sein Nachtlager an der reglosen, schwarzen Wasserfläche aufschlägt, ist dazu verurteilt, diese vagabundierenden Hirngespinste zu teilen. Und keineswegs jeder Neuankömmling hat es geschafft, ihnen glücklich zu entkommen: einige sind in die Fänge der fremden Träume geraten und für immer dort unten geblieben, wo die rebellierenden Archetypen herrschen.

Wir werden uns an diesem gefährlichen Ort nicht länger aufhalten, sondern setzen unsere Wanderung durch eine immer alpiner werdende Landschaft fort, bis wir zu jenem bereits angekündigten toten Schiff kommen, dem grandiosesten von allen. Vor uns ersteht es als monumentale Festung, eine Stein gewordene phantastische Erfindung von, sagen wir, Dino Buzzati, deren Mauern und Türme hier, unweit des Berges mit dem halb rumänischen (thrakischen?) Namen Dzembronia, den Eindruck einer anderen, fast außerplanetarischen Welt erwecken. Es handelt sich um ein besonderes Relikt der Architektur der Zwischenkriegszeit, ein Bruchstück jenes mythischen Lemberger-Warschauer-Wiener-Pariser Vektors, der heute nur noch in Gerüchten und Vermutungen zirkuliert. Das ist Bauwerk und Traumwerk zugleich, mit Heim und Werkstatt, Zitadelle und Akademie, Biblio-

Tschornohora. Brücke über den Fluß Tscheremosch, 2003

thek, Konferenz- und Tanzsaal, Turnhalle, Salon, Schwimmbassin, Maschinenraum, Restaurant, zentraler Energieversorgung, Kesselraum, einer Reihe von Speichern und Kellergewölben und unzähligen anderen rätselhaften Räumen mit ewig verschlossenen Türen – es ist eine Arche, ein Komplex. Der Komplex Europa – hier, in der abgelegensten aller europäischen Regionen, an der Grenze zu Nichteuropa, im exakt ermittelten Zentrum Europas; es ist ein ehemaliges Observatorium, also ein Ort für Beobachtungen, Feststellungen, Betrachtungen – von Engeln vielleicht oder Kometen. Heute bieten seine Mauern vor Regengüssen Zuflucht. Den penetranten Geruch nach Exkrementen und alten Lumpen wird das Gebäude nicht mehr los – da helfen auch die sechzehn Bergwinde nicht, die ständig durch die Löcher und Spalten – im metaphysischen wie im wörtlichen Sinn – seiner Mauern ziehen. Wanderer schüren Lagerfeuer in den Sälen oder auf den Gängen. Die Reste des Parkettbodens brennen ausgezeichnet – die hiesige Bevölkerung hat diese aufreizende Tatsache längst entdeckt, und so kann von Parkett, von Wandverkleidung aus hellem Nußholz oder dunklen Buchenregalen in der Bibliothek keine Rede mehr sein, es gibt nur noch »Überreste«. Was aus den Teleskopen und den vielen anderen, mir unbekannten astrophysikalischen Geräten geworden ist, weiß ich nicht. Dem polnischen Staat dürfte es im September 1939 kaum gelungen sein, sie zu evakuieren. Vielleicht hat man sie erst später, zu Moskauer Zeiten, irgendwohin transportiert, in den Kaukasus, den Pamir oder ins Tien-Schan-Gebirge. Rußland brauchte keine Observatorien in den Karpaten, es verfügte über bedeutend höhere Gebirge, denen es mit der ihm eigenen Arroganz romantisch-hochtrabende Namen wie etwa »Pik Kommunismus« verlieh.

Jetzt ist Rußland weit weg und kaum noch vorhanden. Aber es gibt die *Planetnyky*, diese besondere Spezies Magier und Wahrsager, die mit jeder kosmischen Erscheinung über Myriaden von unsichtbaren und schmerzempfindlichen

Strömen in Verbindung stehen. Sind nicht sie es, die dieses Feld geschaffen haben, diese Leere, dieses leere Schneckenhaus? Ist nicht aus ihren Bemühungen diese verbotene Zone entstanden, diese Ruine, dieses Säuseln des Winds in den nächtlichen Gängen des Observatoriums: »Zutritt verboten«?

Tausendmal recht hatte jener Dichter, der zum ersten Mal mit leichter Hand das in der Nähe gelegene huzulische Dorf »Kosmatsch« auf »Kosmos« reimte.

2

Die Bukowina, Pokutien, das Huzulenland und die Marmarosch, Ciskarpatien und Transkarpatien, Transsylvanien, das Theiß- und Donauland – alle diese Gebiete schließen auf die eine oder andere Weise an die Struktur der Ostkarpaten an. Mein Freund Taras Prochasko, Schriftsteller und Biosoph – vor kurzem noch in seiner Inkarnation als Barkeeper aus der Gartenberg-Passage in Stanislau stadtbekannt – hat das zutreffend als »Mythos-Struktur« bezeichnet, an der die destruktiven Kräfte aus dem Osten, die schon immer unsere mitteleuropäische Welt vernichten wollten, ihre natürliche Grenze finden und über die sie, ob nun die Mongolen im Mittelalter oder die Sowjets und Eurasier des vergangenen Jahrhunderts, nicht hinaus kommen – hinaus nach Westen, möchte ich seine vielleicht doch etwas idealisierende Perspektive konkretisieren.

Obwohl das geographische Zentrum Europas in den Karpaten liegt, nur etwa hundert Kilometer von Stanislau entfernt, war diese Struktur im europäischen Bewußtsein immer eine Grenze, ein Randgebiet, Peripherie verschiedener Imperien (des Römischen, Osmanischen, Habsburgischen, Russischen, Sowjetischen), eine Peripherie der Kulturen und Zivilisationen.

Die römischen Münzen aus der Zeit Trajans und seiner Nachfolger, die man beim Bau von Tunneln und Pipelines in Goten-Gräbern fand, liefern den Beweis für die von den gebildeteren Einheimischen bei ihren trinkfreudigen, historisch-patriotischen Diskussionen geäußerte Behauptung, daß ihre Vorfahren Bürger des römischen Reiches gewesen seien (wenn auch nicht unbedingt des heiligen). Nirgends anders als hier, entlang der Karpatenlinie, verlief die Grenze zwischen der römischen und der byzantinischen Welt, was in der Trennung zwischen dem westlichen (lateinischen) und östlichen (griechischen) Ritus sichtbar wird.

Die türkischen Schädel hingegen, die jedes Frühjahr beim Pflügen auf den Feldern von Chotyn gefunden werden, wo vor dreihundert Jahren die Polen und Kosaken die Türken vernichtend geschlagen haben, rufen einem nicht nur die unerträgliche Hinfälligkeit des Seins in Erinnerung, sondern auch die unerschöpfliche Fülle von Billigwaren auf dem Basar von Czernowitz, der von türkischem Plunder jeglicher Art strotzt: ein Reichtum an erbeuteten Trophäen, gegen den kein Philippe de Mèziérs und kein Hamalija angekommen wären. (»Auf diese Weise haben wir ein Hemd erstanden um weniger als einen Dinar, und dreißig Hemden für einen Sou ohne eine Mark dazu!« erinnert sich Audon de Deille, Chronist des zweiten Kreuzzugs im 12. Jahrhundert, an das *shopping* der Kreuzfahrer in Konstantinopel.)

Wir sehen also, daß nicht erst die Monarchien an der Donau und an der Newa die Teilung mitvollzogen haben, die von dieser universal wirkenden Struktur vorgegeben war – de facto ist diese Teilung nie außer Kraft gesetzt worden. Auch wenn die erwähnten Patronenhülsen in den Schützengräben, heute von der vielfältigen Pflanzenwelt des Gebirges überwachsen, eine nur zu genaue Vorstellung vom Aufeinanderprallen der geopolitischen Interessensphären gerade dieser beiden Staatsgebilde geben. Schließlich blieb auch nach ihrem Untergang der Bogen, dieses umgekehrte »C«, das schon an sich die Idee der »Umgegend«, der Peripherie, versinnbildlicht, ein Ort der Überschneidung von kulturellen, politischen, geopolitischen Tendenzen, Richtungen und Einflüssen – Einflüsse, die dann bereits wieder von anderen, den jungen postimperialen Staaten und Möchtegernstaaten der Zwischenkriegszeit (Polen, Ungarn, Rumänien, die Tschechoslowakei) ausgingen. Bis schließlich die Riesen in Zelttuchjacken kamen und die hiesigen Brunnen mit den Leichen von hinten Erschossener vollstopften und damit die Sprengsätze an die Fundamente ihrer Herrschaft legten, die genau ein halbes Jahrhundert später, im milden Herbst des Jahres 89, explodieren sollten, als es mit den Exhumierungen, Umbestattungen und Massendemonstrationen losging. Aber wir dürfen (dank der Unverbindlichkeit unserer fiktiven Landeskunde) annehmen, daß hier jahrhundertelang Einflüsse ganz anderer Art vorherrschten. Nicht die sichtbaren und spürbaren Einflüsse von Imperien, Armeen, Polizisten, Politikern, sondern die geheimnisvollen Einwirkungen von Gestirnen und okkultem Wissen, das seinerzeit gestohlen, aus Indien gestohlen wurde. Nicht aus jenem alltäglichen Indien, das uns als befreundeter Staat und geographische Region vor Augen steht, sondern aus einem metaphysischen Raum, einem imaginären, surrealen Indien, jenem Ort der »rachmanischen Ruhe«.

3

Nach einer alten ukrainischen Überlieferung ist Indien keine echte Halbinsel und auch kein richtiger Kontinent, sondern eher eine Insel irgendwo im Ozean. Indien wird von den Rachmanen bewohnt, bedauernswerten Geschöpfen, die keinen Kalender kennen und nicht wissen, wie sie das Osterfest berechnen sollen. Sie sitzen am Ufer des Ozeans und meditieren in Erwartung des Kommenden. Das heißt in Erwartung der Eierschalen. Denn bei uns werden nach dem Frühstück die Schalen der Ostereier in den nächsten Fluß oder Bach geworfen. Die Strömung trägt sie bis zum Prut, von dort in die Donau, die in Wirklichkeit ein anderer Name für den Nil ist. Mit der Donau führt der Weg der Eierschalen über das Meer und bis ans Ende der Welt.

Von warmen Strömungen aufgegriffen und weitergetragen, erreichen sie am zehnten Freitag ihrer Reise die Gestade Indiens. Erst jetzt erfahren die Rachmanen, daß längst Ostern war, und gehen daran, ihr eigenes Fest zu feiern, das rachmanische Osterfest.

Vor langer Zeit, sagen wir, vor siebeneinhalbtausend Jahren, also kurz nachdem sich die Erde vom Nebel und von den Wassern geschieden hatte, verließ ein Stamm der Rachmanen Indien auf Kähnen und fliegenden Teppichen. Die Gründe für diese Flucht sind heute nicht mehr zu ermitteln – es könnte genausogut geistige Umnachtung wie mystische Erleuchtung gewesen sein. Als sie die Insel verließen, nahmen die Auswanderer fast das gesamte okkulte Wissen mit – in Bündeln, Rucksäcken und Hosentaschen, denn Bücher hatten sie nicht, und sie brauchten auch keine, alle wichtigen Beschwörungsformeln und Flüche kannten sie auswendig.

Neben anderen wichtigen Dingen kam dieses mitgebrachte Wissen vor allem bei der exakten Zeitrechnung zur Anwendung, bei den Überlagerungen von Ursache und Folge, aber auch, wenn es darum ging, Vergangenes und Zukünftiges aus den Linien der Hand oder der Anordnung von Spiegeln in einem Zimmer oder von den Konstellationen am Himmel abzulesen, Bären zu dressieren, Kinder zu hypnotisieren und Metalle in heißem Zustand zu bearbeiten.

Die Nachkommen der Rachmanen erfanden die Geige und den Goldzahn. In den Ostkarpaten tauchten sie erstmals im Spätmittelalter auf, als ihnen der gleichermaßen zum Alkohol wie zur Philantropie neigende König Karpat der Schwachköpfige alle vier Tore seiner Sommerresidenz

Tschortopol öffnete, so daß sie ihr Lager mit dressierten Bären und zahllosen Kindern unverzüglich mitten auf dem Hauptplatz aufschlugen. Schon am Nachmittag ergossen sich Massen von gestohlenen Hühnern und Gemüse in die Zelte der Rachmanen, und die Einwohner von Tschortopol schauderten ob der vernommenen Wahrsagungen...

...und diesen Winter sind sie nicht aus unserer Stadt weggezogen. Am liebsten sind sie immer im Frühling gekommen, in schmutzigen roten Regionalbahnen verließen sie die wärmeren Niederungen in Transkarpatien, um auf dem ersten Grün im Bahnhofspark zu campieren, sich in kleinen Gruppen auf Straßen und Hinterhöfe aufzuteilen und die noch kaum erwärmte Luft mit Nervosität, Spielkarten und einem ungarisch-rumänisch-slowakisch-slowenisch-kirchenslawisch-ukrainisch-ruthenisch-russisch-tarabarsisch- und wer weiß was (Sanskrit?) für einem Lautgemisch zu erfüllen, mit einer fast sinnlosen Mischung, deren einziger Zweck darin liegt, einem den Verstand zu rauben und die Sinne zu betäuben. Vielleicht aber auch in der Rettung der Mythen. Denn sie selbst, diese Bezwinger von Bären und Polizisten, waren stets und sind und werden die treuesten Bürger eines nichtexistenten Mitteleuropa sein, dieses fiktiven Gemeinwesens, dieser rachmanischen Konföderation – Bürger aller Flickenmonarchien und Kleinstadtrepubliken dieser Welt. Diesen Winter nun sind sie nicht aus unserer Stadt weggezogen. Immer haben sie uns mit dem ersten Schneefall verlassen, wenn das Leben in der Grünanlage nicht nur für die Vögel, sondern auch für sie ungemütlich wurde. Aber diesen Winter sind sie nicht gegangen. Vielleicht haben sie geheime Zeichen erhalten. Ich hoffe, sie haben sie richtig verstanden.

4

»Ich habe es mir zur Aufgabe gemacht, das Wesen der Astrologie aller Kulturvölker alter und neuer Zeit auf das Gründlichste zu studiren, und nach einer zehnjährigen, aufreibenden und kostspieligen Forschung bin ich endlich zu einem Resultat gelangt, das alle meine Erwartungen bei weitem übertroffen hat, und ich kühn behaupten darf, das Schicksal des Menschen und seine Zukunft ist unbedingt erforschlich, wenn er in dieser Beziehung nur keine so albernen Anforderungen stellt, wie es die Astrologen des Mittelalters gethan haben, sondern in den bescheidenen Schranken bleibt, die das menschliche Unvermögen überhaupt gezogen hat.« So notierte am »Phönixtage«, d. h. am 21. März Anno Domini 1883, der Czernowitzer Poet und Exot, Offizier der österreichischen Armee im Ruhestand, Veteran des Italienfeldzugs von 1859, Geometer und Apotheker, Hätschelkind der patriotischen Literaturkritik, die »Nachtigall der Bukowina« und der »Schewtschenko der Karpaten« in einer Person, ein Huzule, der von seinem Vater mehr als die Hälfte polnischen Bluts geerbt hatte, der Romantiker, Volkskundler und Astrologe Dominik Ferdinand Osyp Juri Ritter von Fedkowytsch de Hordynskyj.

Zehn Jahre verwandelten sich in zehntausend Seiten eines astrologischen Traktats, verfaßt in der Bukowiner Variante des klassischen Hochdeutsch. (Diese Sprache hat sicherlich auch Olha Kobyljanska, die hervorragende ukrainische Schriftstellerin und Feministin der Jahrhundertwende, gesprochen, während Paul Celan sich zweifellos schon einer anderen bediente.) Den im Fluß der Zeit verwaschenen Photographien nach zu urteilen, trug Fedkowytsch ungeachtet seines absolut wienerischen Aussehens immer eine Huzulenjacke. Vermutlich hat er sie aber nie getragen, sondern nur für diese Aufnahmen angezogen. In seiner konsequenten Schewtschenko-Nachfolge muß Ritter de Hordynskyj diese

Tracht als ein bukowinisches Äquivalent zu Schafpelz und Lammfellmütze aufgefaßt haben, jenem Aufzug, in dem Taras Schewtschenko die feine Petersburger Gesellschaft schockierte.

Übrigens herrschte im damaligen Czernowitz, das an der Haupthandelsroute zwischen Lemberg und Jassy lag (heute liegt es, wie schon erwähnt, zwischen Lwiw und Stambul), eine so fröhliche ethnische Mischung, daß es wohl vergebliche Liebesmüh gewesen wäre, jemanden mit seinem Aufzug in Erstaunen versetzen zu wollen. Fedkowytsch erkannte man schon aus der Ferne. Der Kellner aus dem bescheidenen Wirtshaus »Zum grünen Jäger« gegenüber brachte ihm jeden Tag eine Karaffe Sliwowitz, die er auf dem Tablett durchs offene Fenster reichte – gratis hieß es, denn Fedkowytsch stellte dem Wirt und seiner gesamten Verwandtschaft hin und wieder unentgeltlich das Horoskop.

In seinen Anfang des Jahrhunderts erschienenen Gesammelten Werken gab es eine Einleitung (knapp acht Seiten) zu dem erwähnten Traktat. Die Konturen der gotisch-germanischen Lettern dieses Textes assoziierten sich unwillkürlich mit anderen zu dieser Zeit populären Dingen (Nietzsche, Zarathustra, arische Feuersymbolik, Swastika und so weiter). Die große Ptolemäische Karte des Sternenhimmels, den die deutschen Romantiker mit soviel Begeisterung »Firmament« nannten, hätte sich dort gut gemacht. Die fortschrittlichen, materialistischen Herausgeber allerdings, ganz auf der Höhe der Zeit und im Einklang mit ihren positivistischen Überzeugungen, sahen in diesem Text nur eins: das Produkt eines kuriosen Wirrwarrs in Fedkowytsch' ohnehin nicht nüchternem Kopf (üblicherweise »Kuddelmuddel« genannt). Auch die eiserne Logik und artilleristische Präzision seiner Ausführungen konnten sie nicht überzeugen. Hier eine Kostprobe:

»Wie der Makrokosmos an feste, unabänderliche, mathematisch genau ab- und zugemessene Gesetze gebunden ist, so ist es auch der Mikrokosmos oder das Individuum, im gegebenen Falle der Mensch. Durch diese Gebundenheit gezwungen, wirken beide gegenseitig aufeinander, beide aber im Verhältniss ihrer Grösse, Kraft und Macht. Wie nun diese drei Hauptpotenzen selbst nicht weggeleugnet werden können, und Alles, was überhaupt vorhanden, auch unerbittlich dem mathematischen Gesetze unterworfen ist: so lassen sich auch demgemäss diese gegenseitigen Wirkungen des Makrokosmos auf den Mikrokosmos mathematisch genau berechnen.«

Auch jenes biographische Rätsel, von dem wir im folgenden lesen, konnte die Herausgeber nicht für ihn einnehmen, nämlich daß »... dem [Verfasser] in seiner Jugend die Zukunft durch einen Astrologen vorhergesagt worden ist, die bis auf den heutigen Tag Wort für Wort in Erfüllung gegangen, welcher Umstand eben die veranlassende Ursache zu seiner vieljährigen unermüdlichen und kostspieligen Forschung gewesen.« Auch die sensationelle Behauptung, daß der Autor »glaubt mit Recht das Verdienst beanspruchen zu dürfen, den verloren gegangenen Schlüssel gefunden zu haben, dessen sich die altägyptischen Astrologen zur Öffnung der geheimnisvollen Pforte der Zukunft bedienten«, konnte nicht überzeugen.

Wie aber hat er diesen Schlüssel gefunden? fragen auch wir heute, fast so wie Fedkowytsch selbst, wenngleich er darauf die alles erschöpfende Antwort gibt: »Das muss ein Geheimniss bleiben«.

Ja, das muß ein Geheimnis bleiben.

Aber trotzdem: Wie hat er den Schlüssel gefunden? Aus welchem Norditalien hat er diese unbezahlbare Trophäe mitgebracht? Von welchem Astrologen, wandernden Zauberkünstler oder als Barbier verkleideten Chaldäer konnte er diese außergewöhnlichen Kenntnisse rachmanischer, indischer oder ägyptischer Provenienz erhalten haben? Sind sie ihm offenbart worden, zum Teil kodiert in huzulischen Träumen und rebellischen Archetypen? Diese ungebändigte

Struktur, diese Mixtur, dieser Schmelztiegel von Pflanzen, Sprachen, Getränken und Gefühlen, Karpaten genannt – hat sie nicht zum Entstehen jener stürmischen kosmischen Reaktion beigetragen, in deren Folge alles, aber auch wirklich alles, sich erschließt und zum Vorschein kommt wie das Liniengeflecht einer Handfläche, das man nur mehr zu lesen braucht?

Die Schlußakkorde dieser Einleitung zum Traktat sind im selben Maße eklektisch wie ekstatisch. Der Demiurg überwindet den Geometer, der Alchimist erhebt sich über den Apotheker. Die ungehemmten Schwingungen von Wesenheiten und Substanzen erzeugen ein pathetisches Beben der Lungen und des Zwerchfells:

»Preis, Ewiger, deinem Antlitze, Seele des Weltalls, Herr der unendlichen Zeiten, Pfleger des Phönix, der das Leben der Heiligen erleuchtet, Hallelujah dir bis zum Himmel!

Und möge es dir gefallen, ihn herabzusenden auf deinen Knecht, dass er die Wahrheit bezeuge, deine ewige Wahrheit, zu Nutz und Frommen der Gerechten, der du selbst die ewige Wahrheit und Gerechtigkeit bist!

Und du, o Eingeborner des Einen, der du hältst in deiner Rechten die sieben Sterne und führst in deinem Munde das zweischneidige Schwert, bewehre mich mit deiner Kraft, zu zeigen den Gottlosen, dass du bist das A und das O, der Anfang und das Ende! der du selbst ohne Anfang und ohne Ende bist!«

Ich bin nicht sicher, ob der Traktat selbst erhalten ist. Vielleicht hat der Hüter des Phönix es nicht für notwendig gehalten, ihn aus der Asche wiedererstehen zu lassen. Denn Manuskripte brennen sehr wohl, und wer wüßte das besser als diejenigen, die selbst Feuer an sie gelegt haben?

Trotzdem ist uns ein kleines Erbe zugefallen. Ein verlassenes Observatorium, ein Blick nach oben. Etwas nicht ganz Klares, eine gewisse vertikale Orientierung, mehr nicht.

Es scheint, wir hören Sphärenmusik. Oder andersherum – huzulische Musik.

5

Auf dieser Welt findet man schwerlich eine Musik, die irdischer wäre als die der Huzulen. Was ihre biologische Spannung, Körperlichkeit und Erotik betrifft, so kann wohl nur die rumänische Musik mithalten. Oder die der Zigeuner. Oder der Góralen. Oder der Magyaren. Oder der Slowaken. Oder der Lemken.

Es scheint, die huzulische Musik gibt es noch, obwohl sie schon morgen verschwunden sein kann.

Die meisten von uns merken das gar nicht, am wenigsten die Huzulen selbst. Viele von ihnen hören nicht mal Madonna, nur Mascha Rasputina. Das Moskauer Pop-Imperium hat nicht einen Zoll seines Territoriums eingebüßt. Seine Grenzen verlaufen im Westen bei Tschop und Mostyska, genau wie früher. Dieses Kiosk-Imperium diktiert seinen Willen, oder besser gesagt, es gibt sich selbst sein Gesetz. Huzulenmusik verkommt zu Kitsch. In den Karpatenstädtchen Kosiw und Rachiw degeneriert Mitteleuropa zu Eurasien.

Hier entsteht eine Achse, der entlang unifizierte, besser gesagt: infizierte »Bürger der GUS« ständig nach Westen abwandern. Und die wollen ihre Mascha Rasputina.

Was aber bleibt uns?

Die Musik ist vielleicht das einzig Reale in der Traumstruktur Mitteleuropas. Die Musik verleiht der Rede von Einheit und Einzigartigkeit erst ihren Sinn. Sie bleibt jenseits aller chronischen Konflikte und Stereotypen. Ihre Sujets sind grenzüberschreitend, ihre Protagonisten universal.

Zweifellos gäbe es diese Musik nicht, wenn die Karpaten nicht wären. Auch eine umgekehrte Abhängigkeit ist denkbar: die Karpaten gäbe es nicht, wenn diese Musik nicht wäre. Alles andere sind gegenseitige Ansprüche, Attacken, Annexionen und Assimilationen. Jeder ist an jedem schuldig geworden. Bereicherung auf Kosten des Schwächeren, Ausbeutung von Bodenschätzen und billigen Arbeitskräften, Räuberei, abgeschnittene Köpfe, demonstrativ an Wegkreuzungen aufgespießt, religiöse Konflikte und sinnlose Massaker. Auf diesen Grundlagen das Gebäude einer neuen Einheit (sofern sie nicht von der Mafia gestiftet wird) zu errichten, ist wohl ebenso schwierig wie das Neuschreiben der Geschichte, als deren einzig imposanter Nachhall – vielleicht nicht ganz zu Recht – die Utopie der Donaumonarchie erscheinen mag. Die politischen Pragmatiker machen sich keine Illusionen über den wahren Stand der Dinge.

Was also bleibt uns? Bergtouren zu unternehmen, die Folklore aufzuzeichnen? Durch die Löcher in den Dächern verfallener Observatorien die Himmelskörper der Engel zu beobachten? Alte Traktate auszugraben, die Astrologie wiederzubeleben? Die Grundlagen der Kultur von kausalen Überlagerungen freizuräumen? Die Musik der Huzulen zu retten? Oder auf die große Ankunft der Eierschalen von jenseits des Ozeans zu warten?

Die Karpatologie als eine besondere Metawissenschaft von der Zukunft hat noch keine endgültigen Antworten auf diese oder jene prinzipiellen Fragen gefunden. Wirklich sicher ist nur eins.

Die Karpaten – das ist eine große Klammer, die Teile des Seins, welche zu chaotischem Zerfall tendieren, zusammenhält. Die Karpaten – das ist eine große seismische Anstrengung, eine Zone besonderer energetischer Möglichkeiten und Spannungen. Die Karpaten trennen im territorialen, aber verbinden im kosmischen Sinn. Sicherlich sind beide Dimensionen in gleichem Maße notwendig und bestimmend. Wenn dem so ist, dann bedeutet das den Beginn eines Dialogs.

Wichtig ist, daß er kein Ende nimmt. In allem anderen aber mag man sich auf Den verlassen, der selbst weder Anfang noch Ende kennt.

1996

Das Stadt-Schiff

König Danylo von Halytsch, der Gründer der Stadt Lwiw, ahnte vermutlich nicht, daß das Gelände, das er für die seltsamste aller künftigen Städte des europäischen Ostens ausgewählt hatte, eine äußerst interessante geographische Besonderheit aufweist. Ich entsinne mich der andächtigen, fast kindlichen Begeisterung, die mich überkam, als ich davon erfuhr. Diese Besonderheit schien mir überaus symbolisch, wenn auch keineswegs überraschend zu sein. Der Pfeil, der Mitte des 13. Jahrhunderts vom königlichen Bogen abgeschossen wurde, traf ins Schwarze.

Die erwähnte Besonderheit liegt darin, daß sich durch das Gebiet der Stadt, ihre fast durchweg gepflasterten und verbauten Hügel, eine Wasserscheide zwischen zwei Meeresbecken zieht, der Ostsee und dem Schwarzen Meer. Die höchste Erhebung jenes heute unsichtbaren, wasserscheidenden Hügelrückens liegt einige hundert Meter vom Hauptbahnhof entfernt, dem Dwirez,* wie man hier in Lwiw gern sagt. Nördlich von diesem Punkt fließen alle Gewässer zur Ostsee, südlich davon zum Schwarzen Meer. Die Schnittstelle der beiden Achsen, die die namenlose Weite in Ost-West und Nord-Süd teilt, wurde zwangsläufig zum Kreuzungspunkt von Handelsstraßen und infolgedessen auch zum Objekt unterschiedlicher Invasionen – geistiger, politischer, militärischer, kultureller und sprachlicher Art. Die deutsche Bezeichnung der Stadt – Lemberg – bedeutet nicht ganz dasselbe wie das lateinische Leopolis oder die Sanskritform Singapur. Auch darin mag man eine »Wasserscheidigkeit« – gleichzeitig vielen Kulturen und keiner ausschließlich anzugehören – dieser Stadt sehen, die ein bekannter Schrift-

---

* Ukrainisierung des polnischen Wortes für Bahnhof *dworzec*

steller der Zwischenkriegszeit »Stadt der verwischten Grenzen« genannt hat. Ich bemühe mich aber sehr, nicht der Versuchung zu erliegen und sie heute »Stadt der konstruierten Grenzen« zu nennen.

Wenden wir uns statt dessen der gegenteiligen Metapher zu, nicht der Wasserscheide (dem, was trennt), sondern dem Verbindenden, auch wenn ich noch nicht genau weiß, was mit wem verbunden werden soll. Für Politiker wäre das eine Gelegenheit, mal wieder die Schwarzmeer-Ostsee-Idee ins Gespräch zu bringen. Aber ich bin kein Politiker, mich beschäftigt etwas anderes, wovon ich lieber reden will. Zum Beispiel von der Kanalisation in Lwiw, dem Fluß Poltwa. Noch vor dreihundert Jahren fuhren Segelschiffe aus Danzig und Lübeck auf der Poltwa, und man konnte mit bloßen Händen Atlantikaale, groß wie Schlangen, in ihrem Wasser fangen. Erst hundert Jahre sind vergangen, seit man den Fluß unter der Erde begrub. In diesem Sinn ist Lwiw der Antipode Venedigs. Hier ist der Mangel an Wasser so heftig spürbar, daß die Bewohner der ältesten Stadtviertel von Jemandem träumen, der Wein in Wasser verwandelt hätte.

Im August erreicht das Hitzedrama seinen Höhepunkt. Die einzige Rettung kommt dann von den Wäldern und Parks der Umgebung mit ihrer wahrhaft königlichen Flora, ihren versteckten Seen, Wasserlilien und geheimen Heilquellen, die leider alle – Wälder, Seen, Wasserlilien und Heilquellen – immer weniger werden.

Das ist der Atem des Südens, der mit jedem Schritt heißer wird. Die Architektur von Lwiw ist eher lateinisch, eher romanisch, eher barock. In der Sowjetzeit drehte man in Lwiw Filme, die Paris oder Rom darstellen sollten; wenn der Film in London oder Stockholm spielte, ging man nach Riga oder Tallinn.

Lwiw ist erfüllt vom Flair der mediterranen Kultur – man muß sie nur aufspüren. Der geflügelte Löwe des heiligen Markus auf dem Gebäude des Konsuls der Republik Venedig, Bandinelli (am Ringplatz), ein florentinischer Innenhof oder die makellos smaragdgrüne Coppola dei Dominicani sind in diesem Stadtplan nichts Exotisches. Seit dem 16. Jahrhundert haben italienische Flüchtlinge, Vagabunden, Abenteurer und Weltenbummler, diese von den Ideen eines Renaissancehumanismus beflügelten Epigonen des späten Quattrocento, all die Mantel-und-Degen-Helden à la Pietro di Barboni, Paolo Romano Dominici, Amwrozij Prychylnyj oder Kallimach-Buonaccorsi, all diese »höfischen Manieristen« in erheblichem Maße zu seiner Gestaltung beigetragen.

Die romanischen Elemente unterstreichen, mehr noch, kontrapunktieren geradezu die griechisch-byzantinischen. Dabei geht es nicht nur um den byzantinischen Ritus der ukrainischen Kirchen. Gemeint ist eine gewisse byzantinische Mentalität, vielleicht das größte Hindernis auf unserem Weg nach Europa, vielleicht aber auch unser größter Schutz vor diesem Europa. Sie ist wie die Mariä-Himmelfahrts-Kirche mit dem Kornjakt-Turm – man kann sie weder streichen noch auslöschen.

Aber unsere Reise in den Süden hat sich damit nicht erschöpft. Noch habe ich ja die Armenier nicht erwähnt, die vor allem von der Krim zugezogen sind, wo ein kämpferischer Islam ihnen immer weniger Raum für ihre Kirchen und Kramläden ließ. Sie haben das spürbare orientalische Element in die Stadt gebracht. Perserteppiche aus Lemberger Manufakturen galten sogar als schöner denn die original persischen, gar nicht zu reden von den duftenden Substanzen, den vielfältigsten Düften und Gewürzen – Ingwer, Kardamon, Safran, Pfeffer, Muskat, Zimt; auch die Armenier selbst trugen zur Buntheit des städtischen Lebens in Lwiw bei. Übrigens scheint es bis heute niemandem gelungen zu sein, die Grabinschriften auf dem alten armenischen Friedhof zu entziffern, obwohl dem Vernehmen nach dort überaus kluge und für uns eminent wichtige Dinge formuliert sind. Als Ende der armenischen Gemeinde in Lwiw kann das Jahr

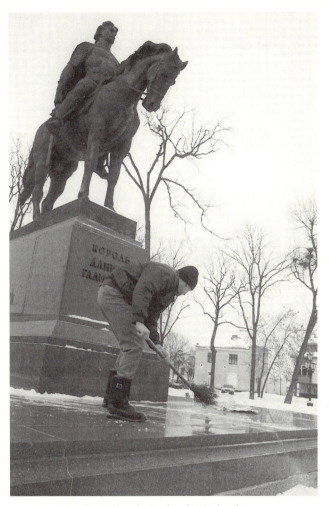

Das König-Danylo-Denkmal in Halytsch, 2003

1946 gelten: damals liqidierten die Bolschewiki das armenisch-katholische Erzbistum.

Was die Juden betrifft, so tauchten sie in Lwiw noch früher auf als die Armenier – irgendwann gegen Ende des 14. Jahrhunderts. Unter ihnen waren nicht nur Kesselflicker, Schankwirte und Geldverleiher, über die im 16. Jahrhundert Sebastian Fabian Klonowic in heiliger Entrüstung seine lateinischen Verstiraden ausgoß:

A tineis pereunt vestes, robigine ferrum, / wie die Motte die Kleider und der Rost das Eisen
sic Iudaeus iners rodere multa solet / so ist der unnütze Jude bestrebt alles anzunagen.

Es gab auch gelehrte Talmudisten und Astrologen, Kenner der schwarzen Magie wie der chaldäischen Weisheit, Menschen, die im Besitz eines geheimen Wissens waren. Die letzten von ihnen wurden in den vierziger Jahren von den Nazis vernichtet, und diejenigen, die danach die Lücke füllten, waren bereits gewöhnliche, sowjetische, entnationalisierte Juden. Dieses ausgestorbene galizische Judentum hat eine Reihe herausragender Schriftsteller hervorgebracht, wie den bereits zitierten Joseph Roth, den nostalgischen Essayisten Józef Wittlin und unbestreitbar auch Bruno Schulz, eine rätselhaft wuchernde Frucht mit irritierend-süßem Nachgeschmack.

Wer segelte sonst noch auf diesem Schiff?

Deutsche oder, wie man sie hier nannte, »Schwaben«, haben ihre Spuren in den verdrehten Ortsnamen der Vorstadtbezirke hinterlassen. Was wir heute als Lytschakiw kennen, geht zurück auf Lützenhof, Samarstyniw auf Sommerstein, Klepariw auf Klopper, Majoriwka auf Maier, Kulparkiw auf Goldberg usw. Außerdem gab es den Besitzer eines Weinkellers in Samarstyniw mit dem ausdrucksvollen Namen Macolondra, und es gab Josepha Kuhn, eine Benediktinerin, die den Gedichtband »Lembergs schöne Umgebungen« verfaßt hat.

Wer hat sich hier sonst noch niedergelassen, in den Kajüten und Laderäumen, auf Deck und in den Masten?

Eine simple Aufzählung mag genügen.

Serben, Dalmatiner, Arnauten, Argonauten, Tataren, Türken, Araber, Schotten, Tschechen, Mauren, Basken, Skythen, Karaimen, Chasaren, Assyrer, Etrusker, Keten, Goten, Weiße und Schwarze Kroaten, Kelten, Anten, Alanen, Hunnen, Kurden, Äthiopier, Zyklopen, Agripper, Lestrigonen, Androgene, Arianer, Zigeuner, Kinokephaloi, Elephantophagoi, Afrikaner, Mulatten und Mestizen, Malorussen, Moskophile und Masochisten. Franziskaner, Kapuziner, Karmeliter, barfüßige und beschuhte, Bernhardiner, Klarissinnen, Ursulinen, Sakramentinnen, Cäcilianerinnen. Dominikaner, Basilianer, Rastapharianer, Redemptoristen, außerdem Jesuiten, zuvor noch Trinitarier, die sich dem Freikaufen christlicher Sklaven aus orientalischer Knechtschaft verschrieben hatten. Rosenkreuzer, Studiten, Templer, Orthodoxe, Altgläubige, Rechts- und Linksgläubige.

Ich bin überzeugt, sie alle haben es geschafft, hier zu sein. Wenngleich ich nur ein paar wenige erwähnt habe, meine Aufzählung mithin unvollständig ist.

Denn Lwiw liegt im Mittelpunkt der Welt, jener alten Welt, die eine Scheibe war, welche auf Walen ruhte oder, nach einer anderen Version, auf einer Schildkröte; die fernste Peripherie dieser Welt aber war Indien, an dessen Ufern sich die Wellen der Donau brachen, des Nils, vielleicht sogar des Ozeans.

Selbst die Flora in Lwiw trägt unverkennbare Spuren dieser »Allheit«. Die baltische Kiefer und die Zypresse von der Krim existieren friedlich nebeneinander in den Gärten der Stadt, deren jeden man getrost einen botanischen nennen könnte.

Wir Menschen sind unvernünftige und undankbare Geschöpfe, dazu verurteilt, ewig etwas zu verlieren. Nie wissen wir zu schätzen, was wir haben, womit wir von oben beschenkt worden sind.

In einem meiner Lieblingsbücher, »Historische Spaziergänge durch Lwiw« von Iwan Krypjakewytsch, findet sich ein trauriges Kapitel über nicht mehr existierende Heiligtümer: Wäre dieses Buch nicht 1931 entstanden, sondern heute – wieviel länger und bedrückender wäre dieses Kapitel! Mir fehlt die Synagoge zur Goldenen Rose. Mir fehlen die tatarische Moschee und der tatarische Friedhof irgendwo am Fuß des Schloßbergs – im 17. Jahrhundert hat man ihn noch den reisenden Erlebnissammlern gezeigt. Mir fehlt eine Menge anderes, darunter der jährliche Karneval von Lwiw, die Sonntagsbankette für die Bettler und der halbphantastische Tiergarten bei Pohuljanka.

Manch einer von uns möchte das alles retten, zumindest in Verszeilen. Aber meist lassen sie sich nicht fassen und entgleiten. Lwiw ist wahrhaftig ein Geisterschiff.

Die idyllische und schmerzlose Überlagerung von Kulturen ist ein Mythos, und ich bin nicht sicher, ob dieser Mythos nicht schädlich ist. Verlassen wir uns also auf einen Klassiker, der die erwähnte Überlagerung wie folgt beschreibt: »Wer hier die Nacht durchwacht, kann die Stimmen unserer Stadt hören. Schwer und sicher schlägt die Uhr an der katholischen Kathedrale: zwei nach Mitternacht. Es vergeht mehr als eine Minute (ich habe genau 75 Minuten gezählt) und erst dann meldet sich, etwas schwächer, aber mit einem durchdringenden Laut die von der orthodoxen Kirche, die nun auch ihre zwei Stunden schlägt. Etwas später schlägt mit einer heiseren und fernen Stimme die Uhr am Turm der Beg-Moschee, sie schlägt elf Uhr, elf gespenstische türkische Stunden, die nach einer seltsamen Zeitrechnung ferner, fremder Gegenden dieser Welt festgelegt worden sind. Die Juden haben keine Uhr, die schlägt, und Gott allein weiß, wie spät es bei ihnen ist, wie spät nach der Zeitrechnung der Sepharden und nach derjenigen der Aschkenasen.«

Das ist Ivo Andrić, und die nächtliche Stadt, um die es hier geht, ist Sarajewo. Jedes weitere Wort dazu erübrigt sich.

Die Überlagerung von Kulturen – das ist nicht nur ein Fest der verwischten Grenzen, das ist auch Blut, Schmutz, das sind ethnische Säuberungen, Menschenvernichtung, Deportation. Vermutlich habe ich mich geirrt: ich hätte von einer »Überlagerung von Antikulturen« sprechen sollen. Aber auch sie ist in einem multiethnischen Milieu unvermeidlich.

Indem man um die Mitte des 18. Jahrhunderts auf dem Georgs-Hügel in Lwiw eine prächtige Barockkirche errichtete, schuf man eine allseits sichtbare architektonische Dominante im Stadtbild. Das ärgerte verständlicherweise die vielen Römisch-Katholischen, weil die Georgskathedrale den Griechisch-Katholischen gehört. Die Rache folgte rund zweihundert Jahre später, als auf dem Bahnhofsvorplatz raketengleich der hohe Turm der neugotischen Elisabethkirche in den Lemberger Himmel schoß und damit den Blick auf die Georgskathedrale vom Bahnhof aus verstellte. Seitdem ist für den Besucher, der in Lwiw ankommt, das Panorama der Georgskathedrale verloren. Die Erlebnissammler hatten ein Objekt weniger. Auch dies ein Beispiel für die erwähnte Überlagerung. Von Kulturen oder Antikulturen? Was überwiegt hier – religiöser Starrsinn, Stolz, kreativer Wettbewerb, Besitzgier? Ich weiß keine Antwort, obwohl ich sicher bin, daß man sich das heutige Lwiw ohne die neugotische, kitschige Elisabethkirche nicht mehr vorstellen kann.

In den Straßenkämpfen des Jahres 1918 besiegten die Polen die Ukrainer vor allem auch deshalb, weil Lwiw ihre Stadt war – nicht auf einer abstrakten, unpersönlichen Ebene, sondern sehr konkret und unmittelbar – es waren ihre Torbögen, Hinterhöfe, Seitengassen, die sie in- und auswendig kannten und sei es nur, weil sie dort zum erstenmal ein Mädchen geküßt hatten. Die Ukrainer, nur von der patriotischen Idee vom »fürstlichen Ruhm unseres Lwiw« beseelt, stammten mehrheitlich vom Land und fanden sich in der fremden Umgebung nur schwer zurecht. Doch als die polnische Verwaltung nach errungenem Sieg (ein Wort, das ich mit größter Vorsicht verwende) zu den Mitteln des Terrors, der Repression und der gröbsten Diskriminierung griff, führte sie sich in der Tat auf wie ein Eindringling, Aggressor, Eroberer einer fremden Stadt, wie ein blinder Barbar, der taub ist für die ewige Polyphonie von Lwiw. Und deshalb hat sie diese Stadt verloren. Wehe den Siegern – das ist die unweigerliche Folge eines jeden Sieges.

Wie Sie sehen, habe ich mein Versprechen nicht gehalten, nämlich von dem zu sprechen, was verbindet. Vielleicht kann ich mit einem würdigen Schluß die Situation retten?

Die These von der Unteilbarkeit der Kultur vermag nicht immer zu überzeugen. Die Kultur des Nordens und die Kultur des Südens, die Kultur des Orients und die Kultur des Okzidents (nicht zu vergessen, daß es auch einen Nordosten und einen Südwesten gibt, daß auch sie ihre Antipoden haben und all das auf unzählige Nuancen hinausläuft) sind Begriffe, die so uneindeutig wie unvereinbar sind. Und nur durch die Barmherzigkeit Dessen, der die Geographie zuteilt, gelingt es mitunter, etwas miteinander zu vereinigen. Noch dazu auf einer geradezu lächerlichen Basis – der Wasserscheide zwischen zwei Meeresbecken. Aber aus keinem anderen Grund haben wir hier und heute, am Anfang eines Jahrhunderts und Jahrtausends, die wunderbare Chance, Passagiere eines Schiffes zu sein, das, wie uns scheint, in eine vorhersehbare Richtung fährt. Vielleicht ist es eine Arche, die uns, wie immer im alten, eklektischen Lwiw, aufgenommen hat, um von jedem Geschöpf ein Paar zu retten. Vielleicht gibt es auch andere Schiffsmetaphern – *bateaux îvre*, Narrenschiff, Totenschiff. Oder wie bei Joseph Roth – Stadt der verwischten Grenzen, schwimmendes Triest, wanderndes Lwiw, Lwów, Lwow, Lemberg, Leopolis, Singapur...

Erz-Herz-Perz

I

In den Familienüberlieferungen halten sich gewisse Geschichten um so länger, je unwahrscheinlicher sie sind.

Meine Großmutter, Irena Skoczdopol, hat als Zwölfjährige den Erzherzog Franz Ferdinand im offenen Wagen gesehen. Gefolgt von einer Kavallerie-Eskorte und den neugierigen Blicken der Bewohner Stanislaus, die die ulica Karpińskiego (oder Karpińskigasse) säumten, fuhr der Thronfolger mit seiner Gemahlin und den Kindern auf dem Rücksitz des »Lorraine-Dietrich« zum Bahnhof, wo er mit dem Nachtexpreß nach Czernowitz weiterreisen sollte. Warum denn unbedingt nach Czernowitz? Wenn wir uns heute über die verblichene Karte mit den kaiserlich-königlichen Bahnlinien beugen, müssen wir nämlich feststellen, daß der Weg nach Czernowitz keineswegs optimal war. Ich vermute, der Erzherzog hat mit seiner Familie dann doch eine andere Strecke genommen – an den Öl- und schwefelhaltigen Heilquellen vorbei, vorbei an dem vom Regen durchweichten Gestrüpp des Schwarzen Waldes nach Morszyn, Stryj, Hrebeniw und weiter geradeaus nach Süden, um bei Einbruch der Dämmerung in das uralte, nächtliche Rauschen der Gorganen (Beskiden?) einzutauchen und am nächsten Morgen schon im Gebiet von Alföld, in der Großen Pannonischen Tiefebene wieder aufzuwachen, wo ihn schon Obuda, Buda und Pest mit ihren zahllosen Weinkellern, pikanten Speisen und feuriger Musik erwarteten. Das Leben ging weiter. Der Endpunkt seiner Reise war Sarajewo.

Aber zurück zu meiner zwölfjährigen Großmutter, Tochter eines ruthenisierten Deutschböhmen (auch so etwas gab's), erzogen bei den Basilianerinnen, ein Mädchen, dessen ganze Liebe dem Fotoplastikon, dem Kreuzstich und dem

Handbuch für Astronomie in der populären Ausgabe von Camille Flammarion galt. Ihr Eindruck vom Erzherzog, den sie vom Verandafenster aus sah, läßt sich in knappen Zügen wiedergeben.

Ein Nachmittag im Juni, gegen fünf, ein heftiger Regenschauer hat kurz zuvor den Straßenstaub weggespült, Pflanzen und Steine glänzen. Auf den Gehsteigen rechts und links der Straße drängt sich die einheimische Bevölkerung, um die Familie des Thronfolgers mit geschwenkten Taschentüchern und Fähnchen zu begrüßen. Die Helme der Kavalleristen blitzen, die Pferde, wohlgenährt und fast dressiert, mit schimmerndem Fell. Ferdinands Hand liegt nachlässig auf dem Wagenschlag, von Zeit zu Zeit hebt sie sich, um das Winken zu erwidern. Seine Gemahlin trägt einen riesigen Hut im Wiener Jugendstil, ihr Gesicht ist hinter einem Schleier verborgen, aber ein mütterliches Lächeln dringt durch. Seltsam, aber die Großmutter, die damals selbst noch ein Kind war, konnte sich an keine Kinder des Erzherzogs erinnern. Manchmal erwähnte sie einen Matrosenanzug, was aber, wie mir scheint, eher dem Einfluß des Fotoplastikons zu verdanken war oder etwas später dem des Kinos...

Den Rest male ich mir selbst aus. Die wichtigste Rolle spielt dabei der leise Abendwind, ein Hauch wie von Engelsschwingen, der dem Ganzen einen etwas unbeständigen, leicht verwischten Anschein gibt; alles bewegt sich und flattert im Wind – die Federbüsche an den Dragonerhelmen, an den Tschakos der Gendarmen, der Haarbusch an der Hetmanskeule, die Schwänze und Mähnen, die Schöpfe auf den unbedeckten Christenhäuptern und die Pejes der Juden, bestickte Handtücher und sogar ein blau-gelbes Band und noch jede Menge anderer Bänder und, wie schon gesagt, Fähnchen und Tücher. Diese Attraktion war allen zugänglich; auch die Frau Kapitanowa, stadtbekannt ob ihres Hygienefimmels, die auf Schritt und Tritt, in der Öffentlichkeit und privat, ihre unzähligen Tüchlein wusch, oder der alte Olijnyk, der seit hundert Jahren Regenschirme reparierte und Bier trank, und sogar der Gymnasialprofessor Dutka, der neunzehn Sprachen konnte – sie alle gehören zu dieser vorabendlichen Idylle unter den unsichtbaren Schwingen des Imperiums. Und kein Anarchist, kein Attentatsversuch, kein Bombenwerfer oder Amokschütze, bereit, sich selbst zu opfern, keine Geheimorganisation, keine Verschwörung – die Ordnung der Welt scheint unantastbar, beständig und durch nichts aus dem Gleichgewicht zu bringen. Das Imperium währt ewig, und der Terrorist Sitschynskyj lebt schon seit Jahren in Amerika, wo alle Terroristen und Anomalen dieser Welt hingehören.

Die Fotografen damals haben, wie es scheint, keine Zeugnisse hinterlassen, die das von mir ausgemalte Bild korrigieren oder bestätigen könnten. Der Besuch und die anschließende Abreise des Erzherzogs Franz Ferdinand bleibt eine Episode – ohne aufklärerischen Effekt und nicht mal als Anekdote brauchbar. Was bleibt, ist die Stimmung, ein flüchtiger Eindruck, eine Impression, ein Nachgeschmack – und das sind so subjektive Dinge, daß man daraus schwer eine allgemeine Erkenntnis ableiten kann.

Wenden wir uns also objektiveren Dingen zu.

2

Die Einstellung der galizischen Ukrainer zur alten Donaumonarchie war weder feindlich noch idyllisierend, sondern eher ironisch. Diese Ironie begann schon bei den Kaiserbildern in den ukrainischen Wohnzimmern (die natürlich mit den üblichen bestickten Handtüchern verziert waren, so wie das Porträt des Nationaldichters Schewtschenko daneben), und endete in einer völlig verdrehten und deshalb harmlosen Moskophilie.

Unter den potentiellen Sprengladungen, mit denen Österreich-Ungarn damals aufgrund seiner inneren Zerissenheit geradezu gepolstert war, scheint der ukrainische Zündstoff der am wenigsten explosive gewesen zu sein. Was nicht heißt, daß er nicht dennoch hätte losgehen können; das Beispiel des ukrainischen Studenten Sitschynskyj, der entschlossen und ohne raskolnikowsche Gewissensnöte den kaiserlichen Statthalter in Galizien, den polnischen Grafen Potocki, umlegte und neun Kinder zu Waisen machte, beweist, daß auch wir uns nicht lumpen ließen. Aber alles in allem trug auch diese Kriminalgeschichte weniger anti-österreichische als anti-polnische Züge (eine weitere Episode im ewigen ukrainisch-polnischen »Auge um Auge, Zahn um Zahn«).

Die Apologie des seligen Österreich (»Großmama Österreich«, wie die Bewohner Galiziens zu scherzen pflegten) beginnt für mich mit der Feststellung, daß gerade dank der unendlichen sprachlichen und ethnischen Vielfalt dieser Welt das ukrainische Element überdauern konnte. Mag es auch gegen seinen Willen geschehen sein – ohne das alte Österreich gäbe es uns heute nicht. Die Menschheit wäre um eine Kultur, eine Mentalität, eine Sprache ärmer. Ich finde, schon aus diesem Grund hätte der »alte Prohazka«, der Kaiser Franz Joseph I., den Nobelpreis für kulturelle Arterhaltung verdient, wenn ein solcher Preis posthum und überhaupt vergeben würde.

Zweitens hat sich in der ukrainischen Sprache dank dieses leichtsinnigsten aller Imperien ein Dialekt erhalten, zu dessen typischen Charakteristika eine so absonderliche wie anmutige Melange ausgeprägter Germanismen gehört: von der »fana/Fahne« über »fertyk/fertig« bis zum fast sakralen »szlak by joho trafyw/der Schlag soll ihn treffen«. Was würde denn ich, ein ukrainischer Schriftsteller, heute ohne diese Germanismen anfangen?

Drittens ist es allein ihr, dieser Großmama seligen Angedenkens, zu verdanken, daß sich vieles versöhnen und vereinen ließ, was zuvor unversöhnlich und unvereinbar nebeneinander existierte. Durch die Aufsplitterung und Durchdringung der Kulturen, durch seine biologische wie historische Teilhabe an allem auf dieser Welt, stellte dieses Imperium ein wahres Panoptikum dar, eine präsentable Sammlung von Exoten und Monstern. Es war gezwungen, für Freiheit und Pluralismus zu votieren, um praktisch allem Unterschlupf zu bieten – von den Chassidim bis zu den Altgläubigen, von den geheimnisvollen Karaimen zu den ganz gewöhnlichen Zigeunern aus der Marmaros –, und fing als vermutlich erstes Weltreich damit an, den rassischen, religiösen und ethnischen Verfolgungen Einhalt zu gebieten.

Viertens hat es uns eine Architektur hinterlassen, die anders ist, Städte, die anders sind, denen es das Recht des Überdauerns verlieh, auf dessen Grundlage sie sich hartnäckig und ungeachtet aller widrigen Umstände dem Verfall widersetzen.

Fünftens und letztens schließlich hatte es uns neue geographische Perspektiven erschlossen, es hat uns gelehrt, nach Westen zu blicken und uns an der zarten Dämmerung des Okzidents zu delektieren. Kaum zu glauben, daß es Zeiten gab, da meine Stadt Teil eines staatlichen Organismus war, zu dem nicht Tambow und Taschkent, sondern Venedig und Wien gehörten! Die Toskana und die Lombardei befanden sich innerhalb derselben Grenzen wie Galizien und Transsylvanien.

Zu Beginn unseres Jahrhunderts hätte ich kein Visum gebraucht, um mit Rilke zusammenzutreffen oder vielleicht mit Gustav Klimt, und um nach Krakau, Prag, Salzburg oder Triest zu gelangen, hätte es genügt, eine Fahrkarte für den jeweiligen Zug zu lösen. Allen, die daran zweifeln, sei empfohlen, sich einmal mit den Fahrplänen der k. k. Staatsbahn zu beschäftigen.

Dies sind meines Erachtens die fünf Hauptthesen zur Verteidigung unserer österreichisch-ungarischen Geschichte. Es könnten dieser Thesen noch viel mehr sein, und sie könnten auch anders lauten – ich werde mich freuen, wenn sie jemand korrigiert oder ergänzt. Oder auch widerlegt.

3

Eine der galizischen Anekdoten »vergangener Tage« geht so. Galizische Rekruten mußten zum österreichischen Militär einrücken. Die Einführung ins Militärwesen begann damit, daß man den Soldaten Namen und Ränge der höheren Chargen einbläute. Ein Wortgewaltiger setzte die ruthenischen Rekruten davon in Kenntnis, daß ihr Regimentskommandant der »Erzherzog Ritter von Toskana« sei. Dann befahl er einem der Neuen, einem bärenhaften Huzulen, der aus der Gegend von Schabie oder Prokurawa stammte, den Namen zu wiederholen. Und der sprudelte, ohne mit der Wimper zu zucken, hervor: *Erz-herz-perz, ripa z motuzkamy!**

Ich möchte mich nicht in Details der Art verlieren, daß *ripa* im Huzulendialekt keineswegs Rübe bedeutet, sondern Kartoffel. Es liegt mir fern zu untersuchen, wieweit die Kampfbereitschaft der österreichischen Armee nach dieser Schulung gestiegen ist. Aber ich möchte etwas verallgemeinern: wie in einem magischen Fluch schießt in diesem *erz-herz-perz* vieles zusammen: die erwähnte Ironie und die typisch ukrainisch-rustikale »Volkstümlichkeit«, der bäuerlich-souveräne Umgang mit dem Fremden und der Fremdsprache und der spielerische Ungehorsam à la Schwejk. Für mich ist das aber auch ein Beweis für unsere anerzogenen Komplexe, für ein fatales Auf-der-Stelle-Treten, wo wir die Schwelle nach Europa überschreiten sollten, und für unsere Unfähigkeit, diesen Schritt auch zu tun. Es ist eine Prophezeihung, die die Karikatur und Parodie all dessen einschließt, was wir in Kunst, Politik und Wirtschaft leisten. Ein allumfassendes »erz-herz-perz«, und damit hat es sich.

Das mag man als Folge einer übermäßig ausgedehnten Kindheit ansehen. Oder eines Marasmus senilis. Oder einer kolonialen Vergangenheit. »Die Ukraine muß erst in ihre

---

* erz-herz-perz – Rübe mit Spagat

Städte Einzug halten«, schrieb ich im Jahr 1991, überzeugt davon, daß dieses Ziel in erreichbare Nähe gerückt sei. Heute sehe ich das nicht mehr so optimistisch und habe berechtigte Zweifel, ob die Kinder meiner Kinder Einwohner ukrainischer Städte sein werden.

4

Stanislau liegt in der Nähe von Tysmenyzja. Es ist nach Lemberg und Krakau die drittgrößte Stadt Galiziens, im Gebiet zwischen Goldener und Schwarzer Bystryzja gelegen wie Babylon in seinem Mesopotamien. Altstadt und angrenzende Gassen mit zumeist zweistöckigen Gebäuden, Promenade, Kasino und Kolonialwarenläden, Cafés mit kolumbianischem Kaffee, Konditoreien mit Backwerk und Biskotten. Kirchen: die griechisch-katholische Kathedrale, die römisch-katholische Gemeindekirche, die armenische Kirche, die lutheranische Kirche, die Synagoge mit ihren vier Kuppeln im mauretanischen Stil. Standbilder der Jungfrau Maria und Johannes des Täufers, zu Ehren des Rückzugs der Russen im Jahr 1742 errichtet. Ein Standbild Christi des Erlösers zum Gedenken an die große Pest im Jahr 1730. Ein Bronzedenkmal für Kaiser Franz I. Die Stadtbibliothek mit mehr als 8000 Bänden nur historischer Werke. Die Hotels »Union«, »Central«, »Europa«, »Habsburg« und »Imperial«. Einstöckige Villen mit Blumenbeeten. Die beliebteste Straße ist die Lindengasse, die Lipowa, die zum Kaiserin-Elisabeth-Park führt.

Das habe ich mir nicht ausgedacht. Diese Angaben stammen aus einem kurzen Reiseführer der Eisenbahn von Anfang des vorigen Jahrhunderts. Sie sind sehr sparsam, aber auch sehr treffend. Sie vermitteln ein umfassendes Bild.

Eine Stadt wie jede andere. Auf der Grenze zwischen »Stadt« und »Kleinstadt«. Die Helden Joseph Roths haben in solchen Städten genächtigt, um sich auf dem Weg nach New York noch mal ein Zimmermädchen vorzunehmen.

Heute gibt es diese Stadt fast nicht mehr. Sie klammert sich an dieses »fast«, indem sie das von mir angesprochene Wunder an Dauer und Beständigkeit unter Beweis stellt. Deshalb gibt es bei uns immer noch Risse in den Wänden, eingestürzte Dächer, Bäume, die aus Stiegenhäusern wachsen, Splitter von Buntglasfenstern, Bruchstücke von Marmorplatten.

Unsere lokale Apokalypse hat vor nicht allzu langer Zeit begonnen – im September 1939, als in die einem ungewissen Schicksal überlassenen »herrschaftlichen« Wohnungen andere Leute einzogen, Zuwanderer aus den fernen Steppen, wo achtfingrige Riesen leben, wo man Wodka trinkt wie Wasser (und sogar statt Wasser), wo man rohes Fleisch ißt und in den Kirchen tanzende Bären auftreten...

Nichts leichter, als einfach einzuziehen. Einzudringen in Jugendstilvillen, in ebenso luxuriöse wie solid gebaute Stadthäuser, in einstöckige eklektizistische Gebäude. Nichts leichter als die Möbel, Porzellan, Kleiderschränke aus Nußbaum samt Schlafröcken, *Chapeaus claques* und Pantoffeln, Grammophon und Schallplatten, Uhren, unverständliche, aber schädliche Bücher mit tadellosen Schutzeinbänden aus Zigarettenpapier, Ölbilder, Gipsstatuetten und andere Galanterien – mit einem Wort, die ganze Kultur an sich zu reißen, diesen ganzen bürgerlichen Plunder, den die Neuankömmlinge mit einer leichten, proletarischen Geringschätzigkeit behandelten, da sie die Form als solche verachteten, – nur daß sie aus irgendeinem Grund ihre Verachtung durch Aneignung zum Ausdruck brachten.

Die Zugewanderten hatten allerdings nicht bedacht, daß die Inbesitznahme von Häusern auch mit bestimmten Verpflichtungen den Objekten gegenüber verbunden ist. Daß die Wände, Türen und Salons ständige Pflege erfordern. Daß man Hühner und andere seltsame Geschöpfe tunlichst nicht in der Badewanne hält. Daß die unbekannten Gewächse in den Gärten und auf den Veranden der behutsamen Hand eines Gärtners bedürfen, daß man Bäume beschneiden, einen Rasen mähen und Topfblumen gießen sollte. Daß man ins Theater schließlich nicht im Nachthemd geht, mag es auch noch so elegant aussehen. Und noch etwas hatten sie nicht bedacht. Um ein vollwertiges Element dieses Milieus zu werden, hätte man selbst etwas mitbringen müssen: die eigenen Gebräuche zum Beispiel oder die Dichter und Denker der eigenen Kultur – und wären es weise Männer, fahrende Sonderlinge oder Astrologen gewesen. Sie aber leisteten sich nur die Errichtung einer Lumpenkolonie.

Diese völlige Unintegriertheit führte nicht allein zum Verfall der Gebäude. Die ganze Stadt wurde ausgelagert, nach Osten, Fuhre um Fuhre. Dazu muß man sich die faschistische Okkupation vergegenwärtigen, die die Stadt gründlich von einem ihrer wichtigsten ethnischen Elemente – dem jüdischen – »säuberte«. An die Stelle der feinsinnigen, träumerisch-melancholischen und künstlerisch begabten Anhänger des Chassidismus trat nach dem Krieg eine Vielzahl von gewöhnlichen, sowjetisierten »Hebräern« ein- und desselben Typs, die nur noch russisch sprachen und sich ihrer Herkunft schämten.

Noch ein Moment möchte ich anführen, ein ganz und gar »unpatriotisches«. Ende der fünfziger Jahre zogen die Ukrainer aus den umliegenden Dörfern in die damals tristen Stadtrandsiedlungen, wo sie sich in der Weise anpaßten, daß sie die negativen Seiten der dörflichen Lebensgewohnheiten beibehielten, die positiven Seiten aber ablegten. Diese letzte Welle der Stadteroberung wurde erst in jüngster Zeit durch die neuen Lebensbedingungen gebremst – das Leben in der Stadt ist teuer und hoffnungslos geworden. Andererseits haben gerade sie, die Eroberer vom Land, zum Entstehen einer prinzipiell neuen sprachlichen Situation beigetragen. Ich will mich nicht dazu äußern, ob das gut oder schlecht ist, wenngleich ich eigentlich sagen müßte, daß es gut ist. Aber es sind zuviel Tote, die unter unseren Füßen ruhen.

Wenn sie schon mit den Häusern so umgegangen sind, dann kann man sich leicht vorstellen, was sie mit den Kirchen und Friedhöfen anstellten. Familiengrüfte wie anonyme Massengräber wurden verwüstet. Die älteren Mitbürger können sich noch erinnern, wie man Ende der vierziger Jahre den einbalsamierten Leichnam des Grafen Potocki im dunkelroten Kontusch und goldbestickter, federgeschmückter Mütze aus der Gruft der Gemeindekirche herausholte, die Mumie zusammen mit einer Menge von kostbarem Gerät aus dem Kirchenbesitz auf Lastautos verlud und in unbekannte Richtung abtransportierte.

Das, was in den letzten fünfzig Jahren passiert ist, steht in keinem Vergleich – nicht einmal zu jener Katastrophe, die der berühmte »Marmeladenbrand« von 1868 verursachte, als aufgrund der Unachtsamkeit einer Hausfrau, die irgendwo am Ende der Batory-Straße auf kleinem Feuer Marmelade einkochte, fast die ganze Stadt abbrannte.

Heute besteht sie fast nicht mehr. Und alldem zum Trotz besteht sie.

5

Mein polnischer Freund, ein nostalgischer junger Dichter, schickte mir eine Kunstzeitschrift zu, in der er die Übersetzung meines Gedichts »Vergessenheit« publiziert hatte. Als ich die Übersetzung bis zu Ende las, verstand ich, warum er gerade diesen Text ausgewählt hatte.

Der Eingang gleicht einem Tor.

Es gibt Städte, die kann man
durch kein Tor betreten.
Es gibt Städte, in die kann man nicht
hinein.

> *Ein großer Schlüssel wird geholt, um ihn*
> *irgendwo hineinzustecken,*
> *doch es gibt keine Tore, die Wache*
> *wurde zu Staub zerrieben. Sieben Winde fegen*
> *über Plätze, durch Säle.*
>
> *Die Vorstädte sind nach allen Seiten offen,*
> *eine anschmiegsame, grüne Wache wächst dort heran.*
>
> *»Samarstyniw, Kulparkiw, Klepariw«* * –
> *halblaut zählst du sie auf,*
> *doch dir fällt der Name des Baumes nicht ein,*
> *zu dem sie nicht mehr kommt.*

Die Übersetzung ist treu – bis auf die letzte Zeile. Ein zweifellos intimes und höchst konkretes Motiv (ich dachte an den Baum, an dem ich mich als junger Mensch in Lwiw mit einem bestimmten Mädchen traf) – dieses persönliche Motiv erschien meinem Übersetzer, der, nebenbei bemerkt, aus einer Lemberger Familie stammt – Polen aus Lwów, die man nach dem Zweiten Weltkrieg nach Polen umgesiedelt hatte – offenbar ungenügend. Und so lautet die letzte Strophe in meiner Rückübersetzung folgendermaßen:

> »Samarstyniw, Kulparkiw, Klepariw« –
> halblaut zählst du sie auf,
> doch dir fällt der Name des Baumes nicht ein,
> aus dem (sie) herauswachsen ...

Das Mädchen meiner Jugend ist entschwunden. Nicht die geringste Erinnerung an sie ist geblieben, dafür ist etwas anderes, bedeutsameres, wichtigeres entstanden: ein individuelles Gedächtnis, genauer, die Nichterinnerung hat sich in ein,

---

* Heutige Stadtteile von Lemberg/Lwiw.

wenn ich so sagen darf, beleidigtes historisches Gedächtnis verwandelt, sind doch für meinen polnischen Freund Samarstyniw, Kulparkiw, Klepariw (und wahrscheinlich auch Majoriwka und Lewandiwka) die Äste der Lemberger Vorstädte, die zweifellos aus einem treuen historischen Baum mit dem wohlklingenden lateinischen Namen *semper fidelis* herauswachsen.

Ich bin mir bewußt, daß dahinter keinerlei polnische Territorialansprüche stehen. Höchstens im Sinne eines poetischen Territoriums. Deshalb bin ich meinem polnischen Freund zutiefst dankbar – er hat mal wieder gezeigt, daß die Dichtung für diese brüchige Welt eine Chance darstellt.

Man kann das heutige Lwiw oder Stanislawiw (ebenso gut wie Stryj, Drohobytsch oder Butschatsch) in der Tat als große Ruine, als Reich des Todes, des Vergessens und des übermächtigen Ham schildern. Aber man kann auch über etwas anderes schreiben: über das Leben, den täglichen Kampf gegen den Verfall, über die Liebe unter bröckelnden Mauern und zerfressenen Fresken, über laute Gelage und nächtliche Abenteuer in den Nischen der alten Festungsmauern, über den Nachhall von Worten aus alter Zeit, die man schon mal gehört und wiedererkannt hat: *erz-herz-perz*. Und ich kann nichts dafür, daß die neue, lebendige Lyrik über Lwiw oder Stanislawiw heute in ukrainischer Sprache entsteht, während polnische Autoren über dieses Land nur wie über etwas Vergangenes schreiben können.

Kultur ist unteilbar – ich bin gewiß nicht der erste und auch nicht der letzte, der das behauptet. Der extravagante *leader* des »Jungen Polen«, Stanisław Przybyszewski, fiel in einer Krakauer Weinstube vor dem jungen, noch völlig unbekannten ukrainischen Dichter Wasyl Stefanyk auf die Knie und küßte ihm den Fuß. Eine Bitte um Entschuldigung, um Versöhnung? Auch wenn wir bei dieser Episode eine nicht unbeträchtliche Menge Alkohol mit berücksichtigen müssen: Nehmen wir die Geste als solche, als künstlerische und menschliche zugleich – ein Zusammenspiel, das selten genug gelingt.

Wird uns vielleicht gerade hier, in dieser »Pufferzone«, in diesem heruntergewirtschafteten Korridor zwischen West- und Osteuropa, dergleichen immer häufiger gelingen?

1994

Das Stanislauer Phänomen

Ich lebe in einer jener Städte, in denen die Liebe zur Archäologie, ja sogar eine merkwürdige Abhängigkeit von ihr, unvermeidlich ist. »Archäologie« verstehe ich hier im weitesten Sinne – als die Möglichkeit, Spuren wiederzufinden, in immer tiefere Schichten einzutauchen. Mir scheint, es gibt auf dieser Welt so etwas wie ein spezifisches Stanislauer (Stanislauer-Frankiwskes?) Spiel der Schichten. Schon seit Jahrzehnten – praktisch seit meiner Kindheit – bemühe ich mich, so gut es mir gelingt, bei diesem Spiel mitzumachen. In meinem Arsenal findet sich vielleicht nicht das effektivste Rüstzeug – Beobachtungen, Erinnerungen, Gedichte, nächtliche Alpträume. Als ich zwanzig war, wollte ich um jeden Preis aus dieser Stadt fliehen, sie mit dem erheblich ausdrucksstärkeren, markanteren, reicheren und bis heute von mir favorisierten Lwiw vertauschen. Zum Glück ist mir die Flucht nicht gelungen – ich blieb, wo ich offensichtlich bis ans Ende meiner Tage bleiben werde – in der Stadt der Erfolglosen, der Säufer, der unrealisierten Bestimmungen und Begabungen, in einer Stadt, die durch und durch *provinziell* ist, eine Stadt, wie es sie in der Ukraine zu Hunderten, doch in Wahrheit nur einmal gibt.

Tadeusz Rolke, der polnische Fotograf, kam gerade noch rechtzeitig, um Zeuge dieses Spiels zu werden. Eine – in doppeltem Sinne – oberflächliche Restaurierung eines Gebäudes, das aus ursowjetischen Zeiten als »Dessert-Bar« bekannt war (wie gut ich mich an das flüssige Eis, die widerlichen, nach Arznei schmeckenden Sirups erinnere!), ja, die Restaurierung dieses Gebäudes enthüllte unversehens dessen *Polnischkeit*. Unter den jüngeren Putzschichten tauchten andere Buchstaben auf, ein anderes Graphem und andere Wörter, wie zum Beispiel das schöne, wenn auch heute von nieman-

Ein Hinterhof im historischen Zentrum von Stanislau, 2001

dem mehr benötigte »tapicerja«. Nein, nicht »Pizzeria«, sondern »tapicerja« – etwas so Lateinisches wie Mittelalterliches. Tadeusz Rolke kam gerade noch rechtzeitig, denn schon am Tag darauf waren alle diese Buchstaben wieder unter der neuesten Schicht – Schicht wovon? – verschwunden, vorläufig, bis zur nächsten kosmetischen Veränderung.

Wie nennt man die Schichten eines Palimpsests?

Ich liebe sie, diese Schriftzüge, die hier und da zum Vorschein kommen, in allen möglichen Löchern, Rissen, Unterböden und Unterbauungen, aufgetaucht aus dem Unbewußten der Stadt. Es brauchen nicht nur Mauerreste zu sein. Manchmal sind es bloß die Hydranten der alten städtischen Wasserversorgung, die Gitter über den Kanalschächten (ab September mit Herbstlaub und Kastanien verstopft; jetzt zitiere ich bereits: diese Beobachtung stammt nicht von mir, sondern von einem Bekannten, einem wandernden Philosophen). Oder die alten Ziegel, auf die man überall stößt, nicht nur dort, wo wieder ein Gebäude abgerissen wird – auf jedem ist der Name eines Ziegelfabrikanten zu lesen, etwas wie »SERAFINI« oder »RAUCH« oder so ähnlich. Die polnischen Ziegel lassen sich bisweilen noch gut für neue Mauern verwenden, so wie auch die Präzisionswaage in der Brief- und Paketabteilung auf der Hauptpost noch vorzüglich fürs exakte Wiegen verwendbar ist (Waagen-Fabrik Lublin, 1928, lesen wir auf der Kupferplakette).

Ich habe auch nicht bemerkt, wie jener Streifen Zeit endete, verschwand, zurückblieb, der von Menschen bevölkert war, die sich genau erinnern und die vor allem erzählen konnten, wie es *unter den Polen* war. Genau so, mit Betonung des »unter« – so akzentuierten die alten Ukrainer dieses Wort, um sich möglichst weit von der polnischen Terminologie zu distanzieren. Diese zufälligen Vermittler meiner privaten Ausgrabungen sind heute bereits selbst in den physischen Zustand der »Überlagerung« eingegangen – sie lagern auf Friedhöfen, welche man in kluger Vorausschau gesichert hat;

mir (uns?) aber bleibt nur das Labyrinth einer Kleinstadtmythologie und ein kaum spürbarer Beigeschmack von etwas Verrostetem, wie beim Wasser, das aus dem Hydranten auf der Straße kommt.

Nun, das metaphysische *unter den Polen* der Zwischenkriegszeit wurde im Bewußtsein der Öffentlichkeit unwiederbringlich verdrängt von einem sehr konkreten, täglichen und alltäglichen »Polen«, einem Land, das man beneidet, aus dem man ständig etwas importiert, wohin man gern zum Arbeiten gehen würde, zum Klauen, zum Studieren, fürs ganze Leben, ein Land mit einem im Vergleich zu uns höheren Grad an *wildem Kapitalismus*, aber vermutlich auch einer höheren Kultur, obwohl – auch das wird aus irgendeinem Grund angenommen – das Niveau der *Geistigkeit* dort niedriger ist. (Was ist mit diesem Wort gemeint – die Anzahl der bestickten Handtücher in der Kirche?) Dies ist nicht der Ort, um sich mit solchen Aberrationen aufzuhalten. Zurück zu meiner Heimatstadt.

Einer meiner kanadischen Freunde, ein Meister des Wortspiels, erkundigte sich auf elektronischem Postwege, ob ich imstande sei, eine ausführliche Antwort auf die Frage »Wenn in Stanislau Schnee fällt, welches Wetter ist dann in Iwano-Frankiwsk?« zu geben. »Überwiegend Winterwetter, muß aber nicht sein«, schrieb ich zurück. Erst später wurde mir klar, daß ich mich nicht geirrt hatte. Es sind in der Tat zwei verschiedene Städte. Ja, zwei Nachbarstädte, räumlich so eng beieinander, streng genommen befindet sich die erste mitten in der zweiten, eine Stadt in der Stadt. Aber man darf sie keinesfalls für identisch halten.

Stanislau liegt bis heute im Bereich des historischen Zentrums – leicht zu erkennen an den Überresten der Festungsmauern, dem Jesuitenkolleg, der Kathedrale, der Synagoge, dem Rathaus, einem eklatant mitteleuropäischen Marktplatz, den Jugendstilvillen in der Lindenallee und an den allgegenwärtigen eklektizistischen und konstruktivistischen

Gebäuden – eine Stadt für dreißig- bis fünfzigtausend Bewohner. Um die unteren Geschosse der Häuser reißt sich heute das kleine Business (Läden, Cafes, Büros), die Flächen der alten Wände zerfallen in unterschiedlich große, giftiggrellfarbige Flecken (Farben aus Italien! Polen! der Türkei!), jeder Besitzer bestimmt über die architektonischen Lösungen mit, überall finnisch anmutende Metallverkleidungen, »die Ästhetik des Euroremont« dominiert – das Leben ist bunter geworden, etwas hat sich ja doch geändert, zumindest das Bier schmeckt seit einigen Jahren erheblich besser.

Iwano-Frankiwsk hingegen – das sind die späteren Bauten ringsum, die sogenannten *Mikrorayons*, Industriegebiete, Ödflächen, ein Dschungel von Plattenbauten, das Krebsgeschwür einer spätsowjetischen Stadtplanung, Gestank und finstere Winkel, Leute vom Land in der Stadt, kriminelle Jugendliche, Alkoholiker, Drogensüchtige, *entertainment* rund um die Uhr mit nervtötender Musik (die Musik ist jetzt überall nervtötend), nächtliche Schießereien vor den Diskotheken, aber das kann nicht alles sein, es muß auch etwas geben, das selbst dieses Ende der Welt liebenswert macht, wie hätte ich es dort sonst die letzten sieben Jahre ausgehalten?

Ja, das sind in der Tat zwei Städte – eine innere und eine äußere, eine geheime und eine, die offen daliegt, eine alltägliche und eine magische.

Vor einiger Zeit (mir scheint, seit jenem verheißungsvollen Beginn in den neunziger Jahren, der weitreichende Folgen haben sollte) ist die Rede von der magischen Stadt Stanislau aufgekommen. Es fing damit an, daß zwei enge Freunde, beide aus der alternativen und underground-Szene, Sandalen an den nackten Füßen, ungemein wacher Blick für den wahren Sinn des Seins, daß diese beiden auf einer druckfrischen Ansichtskarte einen Teil der von der Julihitze aufgeweichten, plattgedrückten, defloriert-deformiert-demoralisierten Stadt betrachteten und wie aus einem Munde »Aber das ist ja Macondo!« riefen. So wurde das »Stanislauer Phänomen« geboren, ein Begriff, über den bis heute so viel und vor allem so viel Blödsinn geredet wurde, daß man unwillkürlich aufhört, an ihn zu glauben. Das ist wirklich so, aber es ist etwas sehr Persönliches, dieses Gefühl, zu einer Stadt zu gehören, die auf der Weltkarte absolut einzigartig ist. Wie soll man das mit Worten und logischen Beweisführungen begründen? Daran kann man nur glauben – das letzte Argument der Scharlatane.

Ein weiteres Jahrzehnt wäre nötig, damit auch die Reporter daran glaubten. Aber sie haben ja daran geglaubt.

In diesem Jahr tauchten scharenweise Besucher in der Stadt auf, vor allem vom Fernsehen, aber auch an Leuten mit Fotoapparaten herrschte kein Mangel. Es fing an mit einer Gruppe vom Regionalfernsehen Lwiw, die sich für das »Bild einer Stadt im Zustand der Dekonstruktion« interessierte, dann kamen die Profis aus Kiew mit der etwas profanen Idee »Iwan Franko contra Franz Joseph«, etwas später befragte mich ein junger Stern am Kiewer Fernsehhimmel unter alten Mauern, wovor ich mich am meisten fürchte und was ich in meinen Alpträumen sehe, dann kamen Leute von der BBC (ein Film über die Zauberer in den Karpaten), aus Berlin (ist die touristische Erschließung dieses Teils der Welt möglich?), zu guter Letzt schickte auch Moskau seine Emissäre, um die sog. »Szene« zu erforschen. Der Besuch Tadeusz Rolkes mit dem überaus sensiblen Kameraauge blieb nicht der letzte in dieser Reihe. Als nächstes erwarten wir die Japaner.

Allen Sammlern des »Stanislauer Phänomens« habe ich dasselbe gezeigt: die alte Festungsmauer, heute hauptsächlich mit englischsprachigen Grafitti vollgeschmiert, die niemals trocknende Wäsche auf den Balkonen, das Rathaus, den rekonstruierten Marktplatz, Jesuitenkolleg, Kathedrale und Synagoge, die Jugendstilvillen in der Lindenallee, die Hydranten und Kanalgitter, die alten Hausnummern, Gedenktafeln, Weinranken an Hauswänden, Holzveranden mit Farbanstrich noch aus österreichischer Zeit, die diätetische Mensa, inoffiziell »Bombay« genannt (vielleicht weil Iwan

Franko in diesem Gebäude 1912 sein Poem »Mojsej« öffentlich vorgetragen hat – man beachte den Reim!), außerdem mußte ich sie unbedingt auf den Basar führen, wo wir sogleich höchste Aufregung und eine ungesunde Nervosität mit unseren sofort einsatzbereiten Spionagekameras hervorriefen.

So habe ich also eher Stanislau gezeigt als Iwano-Frankiwsk. Und jedesmal kam in dieser geheimnisvollen Stadt etwas zum Vorschein, was selbst mir noch unbekannt war, etwas völlig Neues und Unerwartetes.

Aber vor allem zeigte ich ihnen die Leute – die, mit denen ich hier lebe, Alkohol trinke, im Sommer picknicke, in den Nächten singe, wenn wir vom Fluß zurückkommen, die, mit denen ich über Politik und Poesie rede. Oder auch die, mit denen ich übers Wetter rede. Oder auch die, die ich nur grüße. Einige von ihnen fielen dem geübten Auge der sondierenden Ankömmlinge sofort auf: eine Perle, ein Diamant, ein Monster...

Bei dieser Gelegenheit unterbreiteten wir mit der tiefsinnigen und leicht ironischen Miene des bereits entlarvten Mystifikators unseren Besuchern die Grundlagen (Versionen?) unserer »magischen« Qualität, die wir uns, in die Tiefen des »Stanislauer Phänomens« eindringend, schon damals, an jener unvergeßlichen historischen Wende angeeignet hatten.

Zum einen ist das unsere *Nähe zu den Bergen*. Wir leben in einer Ebene, aber am ersten wirklichen Frühlingstag, an einem richtig klaren Tag kann man im Süden den Streifen der Karpaten sehen, »Verheißungen, die in der Ferne blauen«, um eine Metapher von Joseph Roth zu gebrauchen. Das ist ein besonderes Glück – in dem Bewußtsein zu leben, daß man jeden Augenblick – sei er günstig oder nicht – in südliche Richtung aufbrechen und schon nach einer Stunde in den Bergen sein kann. »Und das bedeutet, daß wir in andere energetische Systeme eingebunden sind«, fügte einer von uns hinzu, die Grenze der Geschmacklosigkeit überschreitend,

»wir sind kreativ eingebunden in den Energiekreislauf der nahen Karpaten«.

Zum andern ist das die bereits erwähnte *Überlagerung kultureller Schichten*. Klar natürlich, daß wir vor dem gesamteuropäischen Hintergrund etwas verspätet sind mit unserem Kult um den Österreich-Donau-Mythos oder die Zwischenkriegszeit, der es uns möglich macht, immer wieder laut und vernehmlich von einem *hier vergewaltigten Europa* zu sprechen. Aber geht es denn nur darum? »Für uns«, erklärte ein anderer, die Grenze des gesunden, selbstkritischen Menschenverstands überschreitend, »ist es wichtig, daß hier immer etwas von irgendwo her auftaucht, zum Vorschein kommt – wenn schon nicht eine lateinische Schrift an der Wand so wenigstens ein Totenschädel mit einem Loch im Hinterkopf, das von einer Kugel stammt«.

Drittens ist das der Einfluß auf die Stadt und die wechselseitige Beeinflussung *der neuen kreativen Szene* – die krampfhafte Liebe und ein ebensolcher Haß und Konkurrenzkampf. Plötzlich wurde uns klar, daß wir ein- und dieselbe Luft atmen – und deshalb in bezug auf unsere Kreativität viel mehr von uns selbst abhängig sind, und so birgt jedes Picknick im Grünen an irgendeinem Flußufer die Gefahr, zu einer ziemlich heftigen Kraftprobe von Ambitionen und Egoismen auszuarten. »Es stellt sich heraus«, erklärt ein anderer und balanciert dabei auf der Grenze zur begrenzten Offenheit, »daß wir schon lange autonom sind, Selbstversorger, aus allen möglichen Gruppen, Strömungen, Schulen und ›Phänomenen‹ herausgewachsen, tatsächlich aber können wir nichts anderes tun, als einer vom anderen leben«.

Gott sei Dank verfügten unsere sich umhörenden Gäste in der Mehrzahl über so viel Erfahrung, daß sie sich keine dieser Versionen besonders zu Herzen nahmen. Aber etwas haben sie doch für sich behalten.

In der Tat – da nun schon das Wort von der begrenzten Offenheit gefallen ist –, bis heute bin ich mir nicht sicher, was diese Stadt, ihre *magische* oder ihre *phänomenale* Qualität betrifft. Abblätternde Wände in versteckten, von mißtrauischen (ach, diese Blicke *von dort*!) Alten bewohnten Hinterhöfen, Kinder, jederzeit bereit, vor der Kamera einen Tanz aufzuführen in der Hoffnung auf ein paar Hrywni oder zweihundert Escudo, eine unglaubliche Menge von Bettlern, wirklichen und simulierenden Invaliden auf den Gehsteigen, von dunkelhäutigen Wahrsagerinnen und obdachlosen Geschöpfen – das alles kann in der Tat an Portugal oder irgendein anderes südliches Land erinnern, was sagt das schon?

In letzter Zeit wundert mich etwas anderes – hunderttausende Menschen, die hier leben, gehen, atmen und dabei keine Magie vermuten –, wie ich schon sagte, sie leben einfach, sie halten, typisch ukrainisch, dieses Leben für unmöglich, unerträglich, erbärmlich, schimpfen auf die Regierung, die Mafia, die Polizei, auf jede Ukraine und jedes Rußland dieser Welt. Zugleich kaufen und verkaufen sie Wohnungen, hinterziehen Steuern, picknicken im Grünen, singen ihre Volkslieder auf Geburtstagen und Hochzeiten, trinken und essen reichlich, fahren ihre klapprigen Volkswagen zu Schrott und flicken sie wieder zusammen, veranstalten nächtens Schießereien vor Diskotheken, bearbeiten aber auch ihre Gärten, pflanzen Bohnen und Blumen vor den Wohnhäusern, hören nervtötende Musik, fahren zum Jobben nach Polen und Tschechien, kaufen Grundstücke, kaufen die Behörden, die Miliz, die Mafia, die Zöllner, füllen an Sonntagen sämtliche Kirchen, beten, werden geboren, sterben – mit einem Wort, wie ich schon sagte, sie leben.

Tadeusz Rolke hat es gesehen – und er läßt nicht zu, daß man hier etwas erfindet.

Zeit und Ort oder Mein letztes Territorium

I

Vor kurzem wurde ich eingeladen, das Wort »zur Verteidigung der Postmoderne« zu ergreifen, der »Postmoderne mit menschlichem Antlitz«, wenn ich mir ein Zitat erlauben darf. Mir blieb nichts anderes übrig, als diese Idee aufzugreifen und mich mit der undankbaren Aufgabe anzufreunden. Schon der Präzedenzfall einer notwendigen Apologie zeugt von einer gewissen Nervosität, die sich in unseren intellektuellen Kreisen in den letzten zehn Jahren, vor allem nach Einführung dieses so schwer zu fassenden Begriffs, breitgemacht hat. Es ist nämlich eine Zeit gekommen, da bei uns nur die Faulen oder die Toten nicht die Postmoderne kritisieren. Ich selbst halte mich weder für faul noch für tot und hätte mich deshalb lieber dem Angriff angeschlossen. Um so mehr, als die Praktik der Angreifer klar, konsequent und erfolgversprechend war. Einmal hatte ich versucht, alle (oder zumindest die wichtigsten) Vorwürfe gegen die Postmoderne zu systematisieren und aufzuzählen, und es stellte sich heraus, daß sie:

1) fast nur mit Zitieren beschäftigt ist, collagiert, montiert und parasitär von den Texten der Vorgänger lebt;

2) das Spiel um des Spiels willen verabsolutiert und dabei die lebendige, authentische Kreation, das Erlebte, das Seelische und das Geistige, den Ernst der Erzählung und der Meta-Erzählung aus dem Diskurs ausschließt;

3) den Glauben an die Bestimmung der Literatur (was immer man darunter verstehen mag) untergräbt; deshalb ist die Postmoderne der Tod der Literatur;

4) alles auf dieser Welt ironisiert, sogar die Ironie selbst, und sämtliche ethischen Systeme (streng genommen, nur mehr die »Fragmente solcher Systeme«) sowie didaktischen

Absichten (genauer »das Echo solcher Absichten«) über Bord wirft;

5) ein para-individuelles »Erzähler-Ich« aus den Resten anderer Autoren-Welten kombiniert; so bedeutet die Postmoderne einmal mehr den Tod, den Tod des Autors als des Schöpfers einer eigenen, individuellen Welt;

6) sich mit einer »Karnevalsmaske« (in Wirklichkeit aber nur einer Post-Karnevalsmaske) von jeder Verantwortung für die Umwelt distanziert;

7) einfallslos mit der Sprache (den Sprachen) experimentiert, mechanisch eine Summe von Techniken und Verfahren und sonstiger Kombinationen anhäuft;

8) »in tiefer Trauer und Langeweile geben wir den Tod bekannt...«

9) sich sklavisch dem Virtuellen, den multimedialen Abgründen und Abscheulichkeiten unterwirft, die Kunst elektronischen Imperien unterordnen und deren Geist im virtuellen Netz begraben will;

10) mit der Massenkultur liebäugelt, Geschmacklosigkeit und Vulgarität demonstriert und auch vor »Sex, Sadismus und Gewalt« nicht zurückschreckt;

11) Hierarchien ruiniert, Grundlagen unterminiert, Sinn entzieht, Grenzen verwischt, Worte und damit auch die Wirklichkeit in Anführungszeichen setzt, das ohnehin schon chaotische Sein noch chaotischer macht, ironisiert, zitiert, collagiert, montiert... nun gut, das hatten wir schon.

So bleibt von der Postmoderne noch zu sagen, daß sie

a) agnostisch, agonisch, ambivalent, amerikanisch, anämisch-hämisch

b) belanglos, bedeutungsleer, bi- (und mehr-)sexuell

c) collagierend, (um)codierend, clip-like

d) diskursiv-defäkierend

e) egalitär-elitär, entropisch, eklektisch, epigonisch

f) feuilletonistisch, feminisiert, fellinisiert, fragmentarisierend

g) gewalttätig-pretentiös
h) hermaphroditisch, heterosemantisch, homohäretisch
i) imitativ, impotent, intertextuell, inzestuös
j) jüdisch-freimaurerisch
k) kollabierend, kombinatorisch-kompilativ, konformistisch, konsumptiv
l) lobotomisch
m) maniriert, manieristisch, (ohne) Manieren
n) neonekrophil, novoneurotisch
o) ontologisch marginal
p) palimpsestisch, parasitär, pathologisch, pervers
q) qualitativ-unbedeutend, quasi-Kunst
r) rekreierend, reminiszierend
s) situativ, strukturoid, strukturomanisch
t) transvestierend
u) uranisch
v) variativ, vulgarisierend, vaginal
w) witzbesessen, wiederholend, wirkungslos
x) x-beliebig
y) y-strahlenförmig
z) zentonisch, zynisch, zitatokratisch ist.

Außerdem wird sie als »postkolonial« und »posttotalitär« charakterisiert, aber das erklärt so gut wie gar nichts, vor allem nicht bei uns.

Außerdem ist sie »ohne Eigenschaften«.

Manche sagen, dergleichen sei schon mal dagewesen: die Zeit von Alexandria, das Spätmittelalter, Décadence, fin de siècle, jedes besonders überzüchtete kulturelle Gebilde. Man kann es überzeugend mit dem Ende eines bestimmten zeitlichen Intervalls, zum Beispiel der Jahrtausendwende, in Verbindung bringen.

Manch einer neigt zur Annahme, daß die Postmoderne dort beginnt, wo die – bitte die Tautologie zu entschuldigen – Autoreflexion des Autors einsetzt. Dort, wo der Text aufhört, Mittel zu sein, und zum Ziel wird, ist die Grenze zur

Postmoderne überschritten. Wo der Autor die Botschaft vergißt und in Selbstverliebtheit verfällt, wo ein narzißtischer Autor in Erscheinung tritt, dort ist auch der Anfang vom Ende. Weil das aber immer so war, ist auch die Postmoderne immer schon gewesen und deshalb auch nie.

Ich verliere mich in dieser Vielfalt.

Mir bleibt die Suche nach ausschließlich eigenen Zeichen und Bedeutungen. Ich schaue mich um – wo bin ich?

2

Ich lebe in einer ewig beargwöhnten und benachteiligten Weltgegend. Sie heißt Galizien. Vielleicht bleibt mir deshalb gar nichts anderes übrig als mich als Vertreter der Postmoderne auszugeben. Das ist natürlich ein Witz, aber lustig ist er nicht.

Manche Regionen bilden auch dann noch ein Ganzes, wenn sie ruiniert und abstoßend sind. Galizien ist durch und durch künstlich, mit den Fäden pseudohistorischer Kombinationen und quasipolitischer Intrigen zusammengesponnen. Völlig zu Recht läßt sich behaupten, daß Galizien nur eine hundertfünfzig Jahre alte Erfindung einiger österreichischer Minister sei. Die maniriert-süßliche idée fixe konspirativer Strategen, die seinerzeit Europa noch weiter nach Osten verlängern wollten. Daraus wurde kein Europa, sondern ein Puffer, eine Art »cordon sanitaire«.

Der arme Iwan Franko ließ sich von diesen Mystifikationen hinreißen, daher sein ganzes Unglück, all seine zerstreute Sisyphusarbeit.

Aus der Perspektive von Polesien* zum Beispiel sieht dieses Land wie eine Karikatur aus. Polesien ist ja die Wiege des heidnischen Kosmos, das Becken des Prypjat und der Desna

---

* Das »an Wäldern reiche« Tiefland im Norden der Ukraine

Straßenmarkt in Halytsch, 2003

mit seinen arisch reinen Wurzeln und der Ungetrübtheit seiner drewljanischen Quellen, mit seinem hervorragenden genetisch-kulturellen Code, seiner archaischen Folklore, seinem Epos, seinen Dialekten, Seen, Torfablagerungen, arischen Fichten, mit seinen Fallen für Tiere und Menschen, seinen verwundeten Wölfen; Polesien ist ein nationales Substrat, die Tschernobyl-Wahl der Ukraine, die reine Wirklichkeit, die ungeschlachte Authentizität und Offenheit, die Strafexpedition des Messias Onoprijenko entlang der Bahngeleise und Landstraßen. Polesien – das bedeutet Langsamkeit und Langeweile, fast völlig zum Stillstand gekommene Zeit, kommunistische Ewigkeit im Schneckentempo, die das verhaßte, hundertmal geschändete Kiew eingeschlossen hat, das ist der schwärzeste Abgrund des Ukrainischen.

Aus der Perspektive von Polesien existiert Galizien nicht, genauer, seine Existenz ist ohne Bedeutung. Galizien, das ist die Nicht-Ukraine, ein geographischer Überschuß, eine polnische Halluzination. Galizien ist eine Kleiderpuppe, eine Aufblaspuppe, immer und überall will es der Ukraine seine nicht ukrainische, in geheimen zionistischen Laboratorien zusammengebraute Freiheit aufzwingen. Galizien hat kein Epos, dort gibt es von alters her nur den Witz, und nur den gemeinen. Genau genommen ist Galizien ein Raum ohne Wurzeln, geeignet für jeden Nomadenstamm – daher die Armenier, die Zigeuner, Karaimen, Chassidim. Galizien ist die kleinstädtische Heimat der Freimaurer und des Marxismus. Galizien ist heuchlerisch und falsch, ein stinkender Tiergarten voller Nattern und Ungeheuer, in Galizien sind nur Bastarde vom Typ eines Bruno Schulz oder all der kleinen Kafkas aus Stanislau denkbar, und wenn du kein Bastard bist, sondern zum Beispiel ein Wasyl Stefanyk, bleibt dir nichts anderes übrig, als dich im Dorf Rusiw dem Suff zu verschreiben. »Heute gibt es übrigens in Iwano-Frankiwsk mehr Genies als in Moskau« witzelt bitter-böse Igor Klech, auch ein Galizianer, auch ein Genie, in seinem neuesten Moskauer Buch.

Ironie ist hier mehr denn je angebracht. Galizien ist ironisch und amoralisch, deshalb das ewige Zurückweichen und die Verstellung, der ständige Hang zur Union, der Verkauf von Kindern nach Amerika. Galizien – das ist demonstrative Oberflächlichkeit, wie aufgesetzte Manschetten, herrschaftliche Attitüden, ein lächerlicher Kratzfuß nach allen Seiten, ein Handkuß mit unvermeidlichem bäuerlichen Schmatzen, das sind endlose, gähnende Gespräche mit dem faden Nachgeschmack des Mittagessens über Jewropa, Juropa, Europa, über europäischen Charakter, europäische Bedeutung und Bestimmung, europäische Kultur und Küche, über den Weg nach Europa, darüber, daß »auch wir zu Europa gehören« – dabei findet die ganze sog. »geistige Produktion« Galiziens leicht in einem einzigen Lemberger Koffer mittlerer Größe Platz. Galizien vermag nur krampfhaft Europa nachzuahmen, das seinerseits schon lange nichts mehr vermag (Spengler hat bereits davon gesprochen!). Galizien ist ein Plagiat, ein um so erbärmlicheres, als der Plagiator unter allen verfügbaren Objekten ausgerechnet einen Gegenstand gewählt hat, der längst tot ist.

Alles übrige ist Kaffee, hausgemachter Likör, Torten und Kuchen, Diktat der Hausfrauen, Besticken von Servietten, dazu noch Powidl und Marmeladen, Handtücher, Kelims und Kitsch, mit einem Wort, die Blüte des galizischen Kleinbürgertums in ihrer vollen Größe.

Aus der Perspektive von Polesien ist Galizien nicht nur erbärmlich, sondern auch postmodern.

Ich habe jedoch eine andere Perspektive. Genauer gesagt habe ich sie nicht, denn ich befinde mich hier mittendrin, es ist mein Territorium, meine verdächtigte und geringgeschätzte Welt, die Wehrmauern rings herum sind längst eingestürzt, die Gräben mit historischem Gerümpel und Kulturschutt, mit zerbrochenem Porzellan, schwarzer Keramik aus Hawaretschyna, huzulischen Kacheln aufgefüllt; meine Verteidigungslinie – das bin ich selbst, und ich habe keinen anderen Ausweg, als diesen Streifen, diesen Flecken, diese Flicken zu verteidigen, die nach allen Seiten zerfasern.

3

Sie zerfasern, ich aber will sie wieder zusammennähen und sei es mit den groben Fäden meiner eigenen Versionen und Ideen. Und dazu brauche ich noch eine territoriale Ephemeride, eine Art geographischer Vision, eine parallele Wirklichkeit, die gestern noch in Mode war, heute aber kaum noch bei intellektuellen Banketten ausgekotzt wird – Mitteleuropa. Nicht Europa als solches, nicht dessen Dämmerung, sondern die Mitte, genauer der Osten, denn in Europa liegt der Osten paradoxerweise dort, wo die Mitte des Kontinents ist.

Mitteleuropa, ein Kind von Kundera, Miłosz und Konrád, eine sonderbare Substanz aus Ideen, Gefühlen, Mystifikationen, eine amerikanische Erfindung enttäuschter Dissidenten. Wir stehen an der Schwelle seines endgültigen Untergangs, wenn man erst die Polen mit verschiedenen anderen Slowako-Ungarn in die NATO und damit in den Westen, das »eigentliche Europa« aufnimmt, die Ukraine aber in eine neu aufgelegte slawische Föderation; sollen doch die Schlösser an den westlichen Grenzen unserer zweitwichtigsten Unionsrepublik zuschnappen, sollen doch die alten Grenzer mit jungen Schäferhunden voll Tatendrang und ohne Maulkorb wieder auf ihre gefestigten Posten zurückkehren.

Es gibt also kein Mitteleuropa, genauer, es gibt es fast nicht mehr, so wie es auch Galizien kaum noch gibt. Alles, was es gibt – dieses »fast« – bildet das geschlossene Territorium der Postmoderne. Lyotard, Derrida und Said bleiben hier unberücksichtigt oder vielleicht auch nicht, aber darum geht es mir nicht.

Mir geht es darum, daß ich hier auf diesem Territorium bestimmte Anzeichen dessen erkenne, was ich selbst unter

»Post-Moderne« verstehe, nämlich vor allem eine »Nach-Moderne«, das was nach der Moderne mit ihrem essentiellen Wunsch nach Modernisierung und Innovation kam; dieses Verlangen wurde übrigens brutal von außen, mit Blut, Asche und Weltkriegen, aber auch Diktaturen, Konzentrationslagern und riesigen ethnischen Säuberungen abgewürgt – so wurde die Moderne in diesem Teil der Welt zum Stillstand gebracht, ausgemerzt, mit Stumpf und Stiel ausgerottet, sei es die Wiener (paradigmatische), die Prager, die Krakauer, die Lemberger, die Drohobytscher Moderne; an ihre Stelle trat eine nachmoderne Leere, eine große Ausgelaugtheit mit unendlichen Möglichkeiten, eine große, vielversprechende Leere.

Ich verstehe diese »Post-Moderne« auch als einen noch nicht ausgeformten, aber schon zu spürenden Post-Totalitarismus. Ich verstehe sie auch als ständige neototalitäre Bedrohung, eine Amöbe, die sich im Raum ausbreiten und jeden befallen kann. Historisch hat sich die Moderne zur gleichen Zeit wie die totalitären politischen Systeme herausgebildet, und so manches ihrer schwarzen Quadrate verkörperte die Versuchung des neuen Menschen.

Die Postmoderne kommt nach dem Totalitarismus, sie ist amorph, chimärisch, ein Ungeheuer, das dem orientierungslosen Übergangszustand entspricht, sie zerstört die ehemalige Achse und läßt nur Fragmente einer Vertikalen zurück, sie unterminiert die lichte Zukunft mit der Apokalypse.

Es gibt noch eine Dimension des »Post-Modernen« in unserem Teil der Welt. Das ist der Faktor der Multikulturalität, von dem oft, viel und treffend die Rede ist – nur daß diese Multikulturalität de facto in die Vergangenheit projiziert wird, es gab sie früher, heute ist das eine Nach-Multikulturalität, wir finden nur mehr Spuren, Abdrücke.

Wir haben Ruinen (von Schlössern, Kirchen, Fabriken, Brücken, Observatorien, am meisten aber von Friedhöfen; es gibt nichts einfacheres, als auf der Flucht verlassene Wohnungen in Beschlag zu nehmen, wer aber wird sich um fremde Gräber kümmern?). Die Ruinen sind Zeichen der »Überlagerung von Kulturen« und zugleich Zeichen der »Überlagerung von Antikulturen«, erzwungene Landschaftscollagen, das ist die echte Postmoderne, das Spiel mit den Ziegeln des Seins, nur daß wir dabei nicht die Spieler sind.

Wir haben Zitate – aus verlorenen Sprachen, Schriften, Dialekten, verbrannten Manuskripten, Bruchstücken von Gedichten –, Fragmente einer verlorenen Ganzheit, nur daß nicht wir mit diesen Versatzstücken jonglieren. Wir haben ein Übermaß an Mythologie. Denn in diesem Teil der Welt wird die Geschichte von der Mythologie kompensiert, sind Überlieferungen in der Familie wichtiger und glaubwürdiger als Lehrbücher. Schließlich ist auch die Geschichte selbst hier nicht mehr als eine Variante der Mythologie.

Zu guter Letzt verstehe ich meine »Post-Moderne« auch als provinziell und marginal in dem Sinn, daß Mitteleuropa niemals Zentrum sein konnte und wollte (was es nicht hinderte mit seinem lebendigen Sperma andere Zentren zu befruchten, Wertsysteme umzustürzen, Bewußtseinsströme zu formen, wobei es mir jetzt gar nicht um begnadete Aufsteiger, Warhols und Chagalls, geht) – »Mitteleuropa« ist also ein besonderer Seelenzustand, eine besondere Einstellung zur Welt«, wie mein Freund Krzysztof Czyżewski sagt. Ich erlaube mir hinzuzufügen: es ist eine Provinz, wo jeder weiß, daß er sich in Wirklichkeit im Zentrum befindet, denn das Zentrum ist überall und nirgends, so daß man aus den Höhen und Tiefen des eigenen Arbeitszimmers ruhig auf alles andere einschließlich New York und Moskau herabblicken kann. Das bedeutet auch das Fehlen jeglicher Koordinaten, das Chaos des menschlichen Seins, die schlüssigen »Verkehrsknotenpunkte« des Vertikalen mit dem Horizontalen und umgekehrt. Und das gefällt mir am besten.

4

Eigentlich ist es mir völlig egal, wie das heißt. Postmoderne? Gut so. Es geht doch um etwas anderes.

Es gibt die Herausforderung des Lebens, es gibt die Herausforderung des Todes, und ich reagiere darauf so gut ich kann. Es zieht mich einmal in diese, dann in jene Richtung, etwas passiert mit mir, ich verfolge die Veränderungen in mir selbst, kann sie aber zum Glück nicht lenken. Mehr noch, ich komme auch nicht mit ihnen zurecht. Mir bleibt das Schreiben. Mir bleibt die Hoffnung, daß mein Schreiben meinen Reaktionen adäquat ist – mehr strebe ich gar nicht an. Mir ist es letzten Endes nicht so wichtig, wie man das, was dabei herauskommt, nennt, qualifiziert, klassifiziert..., sogar wenn nichts dabei herauskommt.

Aber ich werde mich nie damit abfinden, daß es alles auf dieser Welt schon mal gegeben hat. Vielleicht läßt mich eben dieses Charakteristikum vermuten, daß die Postmoderne (nennen wir es also »Postmoderne«!) dort ist, wo jeder von uns sich heute befindet, daß sie eine Umstandsbestimmung von Zeit und Ort ist, der wir nicht entkommen, ein Territorium »zwischen« und »inmitten«, ein Raum zwischen, aber auch über den Zivilisationen, der niemandem gehört, ein Loch mitten in Europa, eine tektonische Verschiebung, ein Abgrund; sie ist der verlorene Kommentar zu Galizien, sie ist Galizien selbst, die Fuge zwischen den Jahrtausenden, der Abfall aus allen unseren Städten, unser Gedächtnis, unsere Hoffnung, unsere Einsamkeit – du bleibst allein mit einem Wirrwarr von Ausschnitten, Zeilen, Worten, mit Alkohol, Fieber, dem Slang und dem Surshyk, mit allen Sprachen der Welt, mit einer einzigen Sprache, dich quälen Liebe, Haß, Leid, Sex, du bist anfällig für die Krankheiten und Träume aller Menschen, für ihre Gedanken an den Tod, die Zeit und das Chaos, du bist mindestens zweitausend Jahre alt, und du hast immer noch kein einziges ordentliches Buch geschrieben.

Man sagt dir: das ist die Postmoderne; du nickst und versinkst wieder in der Erwartung – du hattest kein Glück, das ist ein außergewöhnlich heikles und brüchiges Territorium, das ist die Wirklichkeit selbst, aber sie gehört dir.

Desinformationsversuch

In den letzten Jahren stellen mir polnische Freunde immer wieder Fragen, die auf den »Komplex der ukrainischen Geographie« zielen: Wie tief ist die Teilung der Ukraine in West und Ost? Kann man angesichts einer solchen Teilung von »zwei Ukrainen« sprechen? Ob ich in naher Zukunft nicht mit einer noch radikaleren Teilung rechne, welche die Staatsgrenze am Dnipro oder gar am Sbrutsch festlegt? Ich habe zwar keinen Grund, meine polnischen Freunde irgendwelcher klandestiner Aktivitäten zu verdächtigen, doch drängt mich die Beharrlichkeit, ja Zudringlichkeit ihrer Fragen unwillkürlich zu der Feststellung: Das riecht nach Geheimdienst. Wenn auch nicht im wörtlichen, so doch im metaphorischen Sinne. Das erinnert an eine Lieblingsvorstellung der amerikanischen Sowjetologie, wonach der Zerfall der Sowjetunion notwendigerweise auch den Zerfall der Ukraine nach sich ziehen müßte, deren östlicher Teil (der Großteil des Staatsgebiets) entweder ein Satellit Rußlands werden oder völlig in ihm aufgehen sollte, während aus dem westlichen Teil eine Art ewiges und nicht gerade gemütliches Vorzimmer des »neuen Europa« werden würde, das vor allem billige Arbeitskräfte in die benachbarten, westlicheren und glücklicheren Länder zu liefern hätte.

Es ist bezeichnend, daß eine solche Perspektive sowohl dem ewigen Gegenspieler Amerikas, Rußland, wie auch unseren westlicheren, glücklicheren Nachbarn gefallen könnte.

Mir behagt eine solche Perspektive ganz und gar nicht, und ich finde, ich habe das Recht, dagegen zu opponieren. Die einzige Methode, die mir zur Verfügung steht, ist die Desinformation, um so mehr, als es sich dabei um die Methode meines Schreibens schlechthin handelt. Ich kann nicht anders, als Desinformation zu verbreiten, egal worüber ich schreibe. Ich verfüge über nichts als die allgemein bekannten Daten, keine Behörde versorgt mich mit streng vertraulichen Zahlen und Analysen, ich versuche sogar ohne Internet auszukommen. Mir bleiben mein eigenes Realitätsempfinden, meine Phantasmen und Phantome, die Reisen, Spaziergänge, einsam oder im Pulk, die Nacht-, Mittags- und Morgenlokale, die ewig verspäteten Züge, die Beobachtung der sich verändernden Landschaft, mir bleibt die Fiktion.

Ich versuche also zumindest, bei meiner Desinformation konsequent zu sein.

I

Die Grundvoraussetzung jeder Konzeption von mindestens »zwei Ukrainen« ist ohne Zweifel die Geschichte – die Geschichte des Jahrtausends wie die Geschichte der letzten Jahrzehnte. »Die Geschichte hat es so gefügt« – mit diesem Ausspruch, der alles erklären soll, operiert man bei uns erstaunlich häufig, eine Waffe in polemischen Duellen, wobei es bezeichnenderweise die Nichthistoriker sind, die sich ihrer bedienen.

Die Geschichte hat es gefügt, daß zwischen dem Osten und dem Westen der Ukraine wesentliche Unterschiede bestehen. Sie sind so wichtig, daß man von einem fast katastrophalen Auseinanderdriften in den Grundfragen des öffentlich-staatlichen Lebens sprechen muß.

Erstens der Grad des Nationalbewußtseins – Hypertrophie im Westen, Atrophie im Osten. Zweitens die sich daraus ergebende sprachliche Trennung (einem bis heute gängigen Stereotyp zufolge spricht der Westen ukrainisch, während der Osten generell zweisprachig ist mit Russisch in den Städten und einem russisch-ukrainischen Gemisch, dem »Surshyk«, auf dem Land). Drittens eine ideologische Trennung in den antikommunistischen Westen und den kommunistischen oder »kommunisierten« Osten. Man könnte die Aufzählung dieser Divergenzen, um es milde auszudrücken, in masochistischer Selbstvergessenheit noch weiter treiben, auch wenn das bereits Aufgezählte für eine Explosion von ungeahnter Wucht vollkommen ausreicht. Bedenkt man diese Antagonismen mit nüchternem Verstand, kommt man zu dem Ergebnis, daß ein mit so explosiver Ladung gespicktes Staatsgebilde keine fünf Minuten länger existieren wird.

Aber irgendwie kommt es dann doch nie zu dem prognostizierten Ausbruch. Liegt es vielleicht daran, daß die Ukraine überhaupt »nicht explosiv« ist? Oder hat es *die Geschichte gefügt*, daß in diesem Land, wie Gogol vor hundertundfünfzig Jahren an Maksymowytsch schrieb, einfach »nichts passiert«?

Als Gegengewicht zur Desintegration muß es schließlich verbindende Realien geben, die auch die präzisesten Analytiker häufig vergessen oder einfach nicht kennen. Diese verbindenden Faktoren basieren darauf, daß dieses Land seit nunmehr sechzig Jahren (die Zeit des Zweiten Weltkriegs ausgenommen) einen geschlossenen Organismus bildet, ganz gleich ob man diesen als Sowjetrepublik, Kolonie oder staatsähnliches Gebilde bezeichnet. Im Lauf dieser Zeit mußte notwendigerweise viel Gemeinsames entstehen – so auch das Gefühl der Zugehörigkeit zu einer gemeinsamen Nation, das sich während des Referendums vom Dezember 1991 deutlich manifestierte (obwohl das »Ja«, wie man heute erklärt, für den bewußten Westen und den nicht bewußten Osten etwas ganz anderes bedeutete: Die einen hätten die Unabhängigkeit als ideelle Größe verstanden, die anderen als materiellen Wohlstand).

Das Leben selbst verbindet, die Lebensweise, besser die Art und Weise und die Umstände des Überlebens und die damit verbundenen Besonderheiten in der Mentalität. Sowohl die extrem russifizierten Bewohner des Donbas als auch die Bürger des extrem nationalistischen Galizien zahlen annähernd die gleichen Schmiergelder für die gleichen Dinge an die Behörden, trinken Schnaps mehr oder weniger gleicher Qualität mit mehr oder weniger gleichen Folgen, hören die gleiche gräßliche Musik russischen Ursprungs, schleppen die gleichen Marktwaren in den gleichen abgrundtiefen karierten Taschen und tragen von Oktober bis April die gleichen Kaninchenfellmützen, erklären sich das Dasein mit Hilfe derselben Klischees, und vor allem fiebern sie mit gleicher Begeisterung für die Kiewer Mannschaft »Dynamo« wie auch die Nationalmannschaft der Ukraine (ein Faktor, der in den letzten fünf Jahren fast das einzige positive verbindende Moment darstellte).

Bei der Suche nach Gemeinsamkeiten würde ich noch weiter gehen: sowohl der »antikommunistische« Westen als auch der »kommunistisch gemachte« Osten verhalten sich bei den Wahlen völlig identisch; man wählt Politiker ein- und desselben Typs, die einander in ihrem Äußeren, in ihrer Art zu denken, sich zu benehmen und Phrasen zu dreschen ähnlich sind, auch wenn sie scheinbar verschiedenen, oftmals antagonistischen Gruppierungen angehören; letztendlich erweist sich aber genau das, die politische Orientierung, als unwesentlich. Wesentlich ist etwas anderes: der Kampf um Einfluß, Vermögen, Öl, Gas, Wald, Aktienpakete, Datschas, Wohnungen, Autos – und ausländische Bankkonten in (zumindest aus der Sicht des ukrainischen Durchschnittswählers) märchenhafter Höhe.

Der angebliche »Graben zwischen dem Westen und dem Osten der Ukraine« ist für mich ein totaler Anachronismus. Es gibt weitaus mehr Gemeinsamkeiten als Unterschiede. Die Ukraine ist wirklich ein einziges Land – anders als die Türkei, als Polen und sogar Rußland.

Aber wie verschieden ist das eine Land zugleich!

2

Will man sich in die Gründe und Erscheinungsformen dieser Verschiedenheit vertiefen, so muß man *ab ovo* anfangen.

Die Frage nach dem Warum dieser »von der Geschichte gefügten« Teilung verdient eine genauere Betrachtung. Warum Ost und West und nicht etwa Nord und Süd, wie es, mit Verlaub, für ein beliebiges Amerika normal ist?

Die Präsenz polnischer (die Rzecz Pospolita) und russischer (das Moskauer Zarenreich) Machtfaktoren in der Ukraine im 16. und 17. Jahrhundert führte in der zweiten Hälfte des 17. Jahrhunderts zu einer ersten Teilung in eine rechtsufrige und eine linksufrige Ukraine. Der Dnipro erwies sich als natürliche Grenze, und diese ganze Intrige wurde um das türkisch-tatarische Element bereichert, ein zusätzlicher Machtfaktor, der Ansprüche auf den Süden geltend machen wollte. Diese Konstellation hätte nicht nur »zwei Ukrainen«, sondern mindestens drei, einschließlich einer muslimischen entstehen lassen und damit den Grund für weit größere Unterschiede legen können. Aufgrund des Zerfalls der Rzecz Pospolita und nachdem die rechtsufrige Ukraine zu Rußland und nur Galizien, die Bukowina und Transkarpatien zu Österreich gekommen waren, verlor diese Teilung am Dnipro schon hundert Jahre später, Ende des 18. Jahrhunderts, ihre Aktualität, und dank der Eroberung des tatarischen Krimstaates durch die Russen verschwand auch der türkisch-tatarische Faktor von der Bildfläche.

Dagegen tauchte der österreichische und später der österreichisch-ungarische auf, und die Teilungsgrenze der Ukraine verschob sich weiter nach Westen.

Die nationale und sprachliche Identität der Westukraine wird häufig nur mit diesem österreichisch-ungarischen Faktor erklärt. Angeblich habe Rußland nämlich im Osten zerstört und russifiziert, während das gute alte Österreich im Westen half und förderte. Das kann allerdings die gewaltigen regionalen Unterschiede innerhalb des ukrainischen Westens nicht hinreichend erklären. Dieser ist längst nicht so homogen, wie es sich aus der fernen Perspektive von Donezk oder Kiew ausnehmen mag. Weshalb war das nationale Selbstbewußtsein im »erzukrainischen« Galizien, im »marginalen« Transkarpatien, ganz zu schweigen vom »Niemandsland« der Bukowina so unterschiedlich stark ausgeprägt (was bis heute deutlich zu spüren ist)? Spielt dabei womöglich der Umstand eine Rolle, daß die österreichisch-ungarische Verwaltung in Galizien zugleich polnisch war? Zumindest in dieser Region dominierten die Polen. Sind sämtliche Unterschiede demnach auf den »polnischen Faktor« zurückzuführen? Oder eher auf einen »antipolnischen«? Angenommen, die polnische Verwaltung wäre zur autochthonen Bevölkerung so brutal gewesen, daß die Ukrainer in Galizien ein weitaus radikaleres Nationalbewußtsein entwickelt hätten als die transkarpatischen Ruthenen unter der ungarischen und später tschechoslowakischen und die Einwohner der Bukowina unter der deutsch-österreichischen und später rumänischen Verwaltung. Kann es sein, daß die galizischen Ukrainer ihr Nationalbewußtsein in Wirklichkeit von den Polen gelernt haben? Oder – auch das wollen wir nicht ausschließen – daß sie von den Polen dazu gezwungen wurden?

So verhält es sich zumindest im Fall von Wolhynien, das niemals von Österreich-Ungarn beherrscht wurde, in der Zwischenkriegszeit jedoch zu Polen gehörte wie Galizien, dem es in der Ausprägung eines nationalen Selbstbewußtseins nur wenig nachsteht.

Jedes Land scheint sein Bayern, seine extrem konservative und extrem traditionelle Region zu brauchen. In der Ukraine ist das Galizien, keineswegs der gesamte Westen, sondern nur ein Teil davon, unser hiesiges Piemont, wie man 1918 sagte, ein Gebiet, das nach der heutigen administrativen Gliederung lediglich aus drei Regionen besteht, dafür aber unzählige Schewtschenko-Denkmäler, bestickte Handtücher und

Servietten, eine lachhafte Liebe zu den Kosaken, einen unbelehrbaren, mit der kommunistisch-sozialistischen Idee der sozialen Gerechtigkeit symbiotisch verwachsenen Staatspatriotismus und eine auf Brauchtum und Kult gründende tiefe Religiosität sein eigen nennen darf. Letztere hat auch ihre Kehrseite – ein angespanntes und sogar feindliches Verhältnis zwischen den Konfessionen, vor allem der Griechisch-Katholischen Kirche und den beiden Flügeln der Orthodoxie – ein Faktor, der sogar diese kleine galizische Einheit im nationalen Selbstbewußtsein ruiniert und deformiert. »Denn für den Ukrainer ist die Zahl der bestickten Handtücher in seiner Kirche wichtiger als die Bergpredigt« – diese Worte des Dichters Rostyslaw Martofljak aus meinem Roman »Rekreation« treffen vor allem auf die Galizier zu.

Galizien steht der an Fläche, Einwohnerzahl und wirtschaftlicher Kapazität unvergleichlich größere und ganz russifizierte Osten und Süden »entgegen«. Das sind die Weiten jenes gleichsam metaphysischen Raums, der aus der Geschichte wie dem Lesebuch als das »wilde Feld« bekannt ist, die Steppe, wohin die Ukrainer im Mittelalter vor Unfreiheit, Verachtung, Ausbeutung, religiösen Schikanen, vor allem aber vor sich selbst flohen. Die seßhafte und verwurzelte »eigentliche ukrainische« Seinsweise wurde von einer anarchisch-chaotischen Ungebundenheit und dem Syndrom der blauen Rolldistel abgelöst, jenes seltsamen Steppengewächses, das die Winde von einem Ende dieser unermeßlichen und schon sehr eurasischen Welt ans andere treiben.

Dessen extremster Teil ist und bleibt der Donbas, das Donezkbecken, der östlichste Winkel der Ukraine – der proletarische, industrielle, rote Donbas, der Donbas-Hegemon, um auf eine bis vor kurzem gültige Terminologie zurückzugreifen. Leider haben diese Epitheta (wenn auch mit eher sarkastischem Beiklang) ihre Aktualität bis heute nicht eingebüßt. Eine Reise in diese Gegend gleicht, wie viele Zeugen bestätigen, einer Reise in die Vergangenheit, mehr noch, in eine katastrophal ruinierte und verwahrloste Vergangenheit, die von keiner Zukunft abgelöst wird. Heute glaubt längst niemand mehr, daß diese Zukunft einmal kommen wird. Elemente eines neuen Designs, in »europäischen« Farben frisch getünchte Fassaden alter Stadthäuser, nette Cafés und kleine Restaurants, private Läden mit exotischen Waren – all das, was in anderen Regionen, vor allem im Westen oder in Kiew, die Folgen einer gescheiterten »Reformpolitik« zumindest ansatzweise ausgleicht, findet man im Donbas nicht. Es gibt nur Ruinen und die felsenfeste Überzeugung, daß man mit der Sowjetunion wenn schon nicht den Himmel auf Erden, so doch das »normale Leben« eingebüßt habe. Da gibt es nur einen Ausweg: die Kommunisten zu wählen, die versprechen, dieses normale Leben wiederherzustellen, sobald sie an der Macht sind.

Die nationale Idee hat im Donbas kaum Grundlagen. Ein Soziologe bestätigt, daß »der Donbas ein Land der Umsiedler ist und die Mehrheit seiner Bewohner dort erst in sowjetischer Zeit Fuß gefaßt hat. Eine vorsowjetische Geschichte des Donbas in Erzählungen und Legenden der Folklore gibt es so gut wie gar nicht. Und für viele, die dort leben, scheint die Verbindung von ›Donbas – Kohle – Sowjetmacht‹ naturgegeben und unauflöslich« – und allein möglich, wie ich hinzufügen möchte.

Die Stereotypen, von denen sich das Alltagsbewußtsein nährt, spiegeln sich in einer Anekdote, die mir mein Freund Wiktor Neborak berichtet hat. Anfang der achtziger Jahre wurde er, schon ein junger Lyriker, aber noch kein Bubabist, in den Donbas geschickt, um in einer Bergbauhochschule (!) Ukrainisch (!) zu unterrichten. Genosse Lehrer, sagte einer seiner Schüler, denn so redeten sie ihn damals an, Genosse Lehrer, bringen Sie uns nicht Ihre Sprache bei. Die Ukraine ist hier, und euer Bandera-Land, das sind die Polen. Die überwältigende Mehrheit dort denkt auch heute noch so. Dabei sind sowohl »Ukraine« wie auch »Bandera-Land« geographische Begriffe, die völlig unterschiedliche und weit voneinander entfernte Provinzen bezeichnen.

Der Donbas ist nicht weniger konservativ als Galizien, nur handelt es sich um einen anderen, proletarischen und – entsprechend den gesellschaftlichen Veränderungen der letzten Zeit – lumpenproletarischen Konservativismus.

Zwischen Galizien und dem Donbas, diesen beiden Polen des Konservativismus, liegt »der Rest der Ukraine« mit ihrem eher trägen Zentrum. Die Trägheit nimmt zu, je weiter man von Westen nach Osten kommt. Oder eher umgekehrt – sie breitet sich schleichend von Osten nach Westen aus, um das Land mit Enttäuschung, Gleichgültigkeit, Apathie und einem prorussischen Weltanschauungswirrwarr zu überziehen.

»Sie wollen uns schlucken!« sagte mir unlängst ein wenig bekannter junger Galizier, nicht der allerklügste. »Sie sind uns zahlenmäßig überlegen, wir müssen uns abgrenzen, denn sie schlucken uns! Die Kroaten haben das begriffen, wann werden wir es begreifen?«

Rein äußerlich wirkte er überhaupt nicht wie der Vertreter der »orangen Alternative«. Wenn schon nicht Agent, so mußte er überzeugter Separatist sein.

3

Von Separatismus spricht man in der Ukraine mindestens seit der Unabhängigkeitserklärung, wenn nicht noch länger. Besonders in Rußland war man der Ansicht, daß sich zunächst die Krim, dann selbstverständlich auch andere Regionen im Osten und Süden von der unabhängigen Ukraine abspalten würden. Mit einer hundertprozentigen Loyalität zum neuen Staat konnte man eigentlich nur im Westen und in der administrativen Hauptstadt Kiew rechnen. In allen anderen Gebieten sah die Sache viel zweideutiger aus, und fahrende

Emissäre der »heiligen slawischen Einheit« sahen durchaus Chancen im Kampf um Charkiw, Poltawa, Dnipropetrowsk oder auch Winnyzja.

Am häufigsten aber war von zwei separatistischen Projekten die Rede: dem Donbas-Projekt (der sog. Republik Donbas-Kriworih) bestehend aus den Gebieten Luhansk, Donezk, zum Teil auch Charkiw und Dnipropetrowsk, und dem Projekt von Noworossija (nach der noch aus zaristischer Zeit stammenden Bezeichnung für die Neurussischen Gouvernements), den Gebieten Odessa, Mykolaiw, Cherson, Saporishja und der Krim. Diese Projekte stützten sich darauf, daß in beiden Regionen das ukrainische Bewußtsein so gering wie die Unzufriedenheit mit den Veränderungen groß war, »mit dieser ganzen Unabhängigkeit«, in der man nichts als eine Intrige käuflicher Bandera-Anhänger und umgefärbter Kiewer Bürokraten sah.

Bis heute jedoch ist es zu keiner Abspaltung gekommen, und vorläufig wurden noch keine Arbeiter- und Bauernrepubliken von Donbas oder Noworossija gegründet. Statt dessen geschah etwas meiner Meinung nach weit Schlimmeres: sie sind im Staatsverband der Ukraine verblieben und bestimmen dort de facto die gesellschaftspolitische Situation. Denn diese Regionen weisen die höchste Bevölkerungsdichte der Ukraine auf (die rote Delegation nur des Gebiets von Donezk ist im Parlament zahlenmäßig stärker als die Abgeordneten aller drei Gebiete »mit dem höchsten Bewußtsein« zusammen). Ebenso entfaltet diese Region die höchste Aktivität (im Sinne permanenter Unzufriedenheit mit dem Status quo) zur Zeit der Wahlen.

Es gibt Grund zu der Annahme, daß der Präsident wie auch die Mehrheit des ukrainischen Parlaments jedesmal im Osten und Süden gewählt wird. Galizien kann man bei den Hochrechnungen während der Wahlen vernachlässigen – für die Ukraine als Ganze ist Galizien nicht ausschlaggebend.

Diese schwierige Erkenntnis setzte sich bei vielen Galizianern nicht gleich durch. Aber schon 1994 wurden in Lwiw Stimmen laut, die sagten: Wie national bewußt, politisch reif, pro-europäisch und antikommunistisch wir auch sein mögen, aus rein arithmetischen Gründen werden wir immer im Rahmen eines anachronistischen, sowjet-kommunistischen Staatsgebildes agieren müssen. Ein Teufelskreis? Schicksal? Ein unvermeidliches Übel, mit dem man sich im Namen der »territorialen Einheit des Staates« abzufinden hat? Und wenn man damit Schluß machen und sich abspalten würde? Denn »sie schlucken uns«! Sie sind mehr!

So reifte – dies ist eine der größten Paradoxien der jüngsten ukrainischen Geschichte! – gleich nach Erlangung der Unabhängigkeit ein separatistisches Projekt heran, nennen wir es das galizische. Da unter seinen Anhängern junge Leute überwiegen, die noch dazu aus einem der Boheme nahestehenden Milieu kommen, gibt es Gründe, dieses Phänomen als »orange Alternative« zu bezeichnen. »Jenseits des Sbrutsch gibt es für uns kein Vaterland«, »Wien ist näher als Kiew«, »Der Westen ist der Westen und der Osten der Osten« – diese Maximen, wenn auch weniger pathetisch als ironisch vorgetragen, funktionieren als Erkennungszeichen für die eigenen Leute und damit auch als Elemente eines neuen, ziemlich riskanten und deshalb faszinierenden Spiels. Bis aus Worten konkrete Taten werden, ist es noch weit.

Womit aber beginnen? Eine Volksabstimmung einleiten? Ein Referendum? Alternative, gesamtukrainische Wahlen abhalten? Eine Petition an den Europarat schicken?

Sollte man vielleicht als erstes einfach zur lateinischen Schrift übergehen? Die Uhr um eine Stunde zurückstellen? In der Kirche den Gregorianischen Kalender einführen?

4

Eines der Schlüsselprobleme der innerukrainischen Gegensätze ist und bleibt die Sprache. Für mich, der ich nur über die Sprache als Mittel meiner Beziehung zur Welt verfüge, handelt es sich zweifellos um ein Grundproblem. Genau in diesem Bereich des Funktionierens, des Gebrauchs und manchmal auch des Diktats der Sprache möchte ich so sensibel wie möglich sein.

Das in und außerhalb der Ukraine am weitesten verbreitete Stereotyp ist die Vorstellung vom ukrainischen Bilinguismus. *Die Geschichte hat es gefügt*, daß der Westen fast nur ukrainisch spricht, während im Osten zwei (oder sogar drei) Sprachen in verschiedenen Korrelationen koexistieren – Ukrainisch und »Surshyk« vor allem auf dem Land, Russisch und »Surshyk« vor allem in den Städten.

Allerdings haben die letzten zehn Jahre wesentliche Veränderungen hinsichtlich der Verteilung mit sich gebracht. Das Paradoxe (wieder ein bitteres Paradox!) liegt darin, daß am Anfang des Jahrzehnts ein Gesetz über die ukrainische Sprache als Staatssprache erlassen wurde. Das bedeutete einen mächtigen Entwicklungsimpuls in allen Bereichen und auf allen Ebenen, der auch die russische Sprache zu einer »Sprache von gestern« zurückdrängen sollte. Tatsächlich aber verlief die Entwicklung umgekehrt – erst in den letzten zehn Jahren (und vor allem in den acht Jahren Unabhängigkeit) hat die ukrainische Sprache viele ihrer Positionen eingebüßt.

Dafür läßt sich eine Reihe von Gründen, eigentlich ein ganzer Komplex von Gründen und Ursachen anführen. Der wichtigste ist, meine ich, rein psychologischer Natur: das wenig attraktive Erscheinungsbild des eigenen Staates in den Augen der meisten seiner Bürger. Deswegen ist auch die Sprache dieses Staates, die Staatssprache also, nicht attraktiv. Um so mehr, als keiner der Vertreter dieses Staats besonderen Wert auf ihren Gebrauch legt.

Die reale Sprachensituation in der Ukraine sieht so aus: Ein echter ukrainisch-russischer Bilinguismus existiert nur noch im Westen. Auch wenn man die russische Sprache in Galizien viel seltener hört, hat niemand, dessen Muttersprache sie ist, deswegen Probleme. Man kann völlig ungestört in Lwiw leben und tagein tagaus nur russisch sprechen. Man möge sich dieses Phänomen nur spiegelverkehrt vorstellen, zum Beispiel in Donezk oder auf der Krim. Ein Wagemutiger, der dort prinzipiell nur ukrainisch sprechen wollte, würde unter Dauerstreß leben. Die »Galizischen Nationalisten« erweisen sich als bedeutend toleranter (vielleicht aber nur gleichgültiger?) als die »Internationalisten« aus dem Donbas.

Der Osten der Ukraine ist heute schon nicht mehr zweisprachig, er ist russischsprachig, wobei dieses Russisch in phonetischer Hinsicht immer mehr von seinen territorialukrainischen Merkmalen verliert (das, was man in Moskau den »südlichen Akzent« nennt, wie zum Beispiel die bekannte frikative Aussprache des »g«). Heute spricht die Jugend in Kiew, Dnipropetrowsk, Poltawa und Tscherkasy ein völlig vereinheitlichtes Moskauer und Petersburger Russisch mit allen charakteristischen lexikalischen Ausschmückungen und Innovationen aus dem Slang. Das wäre an und für sich nichts Schlechtes, wenn diese jungen Leute *nicht nur* russisch sprechen würden.

Und was ist mit dem »Surshyk«, diesem liebenswerten Bastard, dieser chimärischen Mischung und Frucht bilinguistischer Blutschande, wo ist er? Er ist dort, wo er auch sein soll, dort, wo auch der Bilinguismus anzutreffen ist: nicht im Osten, sondern im Westen. Im »Surshyk« kommuniziert heute ein beträchtlicher Teil der westukrainischen Bevölkerung, einschließlich der »bewußten Galizianer«. Im Osten aber verschwindet er mehr und mehr, mit den zunehmend entvölkerten Dörfern und Kleinstädten und den im Aussterben begriffenen alten Menschen.

Der »Surshyk« wandert also nach Westen, begleitet den großen Zug der großen, mächtigen russischen Sprache (um Turgenjew zu zitieren). Das Ukrainische aber kann nirgendwohin zurückweichen, weder nach Polen noch in die Slowakei noch nach Ungarn! Was heißt das also – assimilieren »sie« uns wirklich?

Als einer von denen, die sich Schriftsteller nennen (mein Name sei einfach N. N.), brüste ich mich manchmal damit, daß ich in den letzten fünf bis sechs Jahren in der Ostukraine eine gewisse Anzahl absolut russischsprachiger Leser gewonnen habe, die nur aufgrund meiner Werke zum ersten Mal im Leben ukrainisch lasen. Aber ich habe bis heute noch nie darüber nachgedacht, wie viele rein ukrainischsprachige Leser ich tagtäglich hier im Westen verliere, nur weil sie mich nicht mehr verstehen.

Die Proletarisierung der Ukraine besteht nicht nur aus *basar-woksal*, dem Bahnhofs-Markt, grauen Gesichtern, kahlgeschorenen Köpfen und Trainingshosen. Sie besteht auch in einer primitiven Russifizierung, einer Sprache aus zweihundert Wörtern, einem *pidgin-russian*. Das ist schließlich die Sprache jener, die unsere Gesellschaft am meisten schätzt, – Obermafiosi, Pop-Stars, Sportler und Neureiche. Diese Leute haben für ihre Spitzenpositionen in der Gesellschaft kein Ukrainisch gebraucht, konstatiert der Durchschnittsukrainer. Wozu brauchen wir es dann?

Wenn das so weitergeht, scheint mir das völlige Verschwinden der ukrainischen Sprache aus dem Alltagsleben innerhalb von einer bis zwei Generationen eine durchaus realistische Perspektive zu sein.

Aber auch die entgegengesetzte Perspektive scheint realistisch. Ich kenne die Summe aller Faktoren, von denen das abhängt, wirklich nicht. Vielleicht gibt es aber überhaupt keine Abhängigkeiten? Denn die Ukraine ist ein Land des Barock. Hier ist alles schrecklich verwickelt, höchst uneindeutig und zugleich so eng miteinander verbunden, daß jede

Art von wechselseitiger Abhängigkeit ihren Sinn verliert, und es gibt zumindest ebenso viele instabile Tendenzen wie stabile. »Dynamo«-Kiew gewinnt gegen »Spartak«-Moskau, und der Patriotismus nimmt zu, auch der Gebrauch der ukrainischen Sprache. Schnaps oder Benzin wird teurer – und die patrotischen Gefühle verstummen.

5

Ich habe keine Ahnung, wie ich bei einem imaginären Referendum »über die Abspaltung« stimmen würde. Vielleicht sollten die westukrainischen »orangen Separatisten« nicht darüber nachdenken, wie man sich vom Rest der Ukraine trennt, sondern wie die Ukraine zum Beispiel den Donbas loswerden könnte. So viele Probleme wären mit einem Mal gelöst! Das kommunistische Wählerpotential würde sich um Millionen verringern, der extrem defizitäre Kohleabbau würde die ohnehin schwache Volkswirtschaft nicht noch weiter belasten, es gäbe weniger Arbeitslose, weniger Kriminelle, weniger Unfälle in den Schächten, weniger Russisch und weniger Menschen. Aber wie soll man nur dort alle überreden, sich abzuspalten?

Die kommenden Jahre, vielleicht auch schon Monate werden zeigen, wie ich bei jenem wiewohl imaginären Referendum zu stimmen habe.

Diese desinformierenden Aufzeichnungen habe ich an dem Tag begonnen, als die Ukraine ihren Präsidenten wählte. Ich beende sie an dem Tag, da er immer noch nicht gewählt ist, wenn auch die Ergebnisse des ersten Durchgangs eher die schlechtesten Prognosen bestätigen. Es wird also auch in den nächsten fünf Jahren in diesem Land nicht normal zugehen. Gern würde ich mich diesbezüglich irren.

Für Leute wie mich bleibt auf dieser Welt immer noch etwas anderes: Eskapaden, eine Festung aus Alkohol, Sex und

Musik, die innere oder äußere Emigration, die Unbeteiligtheit, die Nichtanwesenheit, das Schreiben für die Schublade (wenn sie uns wirklich in die Zange nehmen), die Einsamkeit und die Galle. Und auch eine winzige Dosis Hoffnung, konzentriert in der von Kind an vertrauten Formel »Großer, einziger Gott, behüte unsere Ukraine«.

11. November 1999

Drei Sujets ohne Auflösung

I

Einer der berühmten Raisonneure der Vergangenheit, ich glaube, es war Goethe, hat gesagt, man müsse, um den Dichter zu verstehen, zum Dichter nach Hause gehen. Dabei ist nicht ganz klar, wie man mit den Dichtern ohne Haus verfahren soll, der meiner Ansicht nach weitaus größeren Zahl. Es bleibt zu hoffen, daß die Eminenz aus Weimar etwas viel Weiteres und Höheres gemeint hat als nur das gewöhnliche Zuhause. Vor kurzem konnte ich einen Dichter in seinem Heimatort besuchen, der mich schon vor mehr als zwanzig Jahren in das merkwürdige Dickicht seiner Metaphysik hineingezogen hat und den ich bis heute für den größten aller ukrainischen Visionäre halte. Ich meine Bohdan Ihor Antonytsch (1909-1937), dessen halbverbotenes und aus den Bibliotheken entferntes Buch während meiner Studentenzeit im schwarzen Schutzumschlag von Hand zu Hand ging. Die junge Boheme beschwor seinen Geist auf geheimen spiritistischen Seancen und befragte ihn nach seinen Kontakten mit Jim Morrison im Jenseits. So wie in Lwiw entstanden auch in Kiew und Gott weiß wo noch, vielleicht sogar in Moskau, inoffizielle Gesellschaften von Schwarzbuchlesern und Antonytscheanern, zu denen ohne Zweifel auch ich gehörte.

Welches die Heimat von Antonytsch ist – Lwiw, Mitteleuropa, Galizien, die Ukraine oder überhaupt die ukrainische Dichtung – darüber kann man endlos diskutieren. Der Dichter selbst nannte sich in einem seiner letzten Verse einen »zufälligen Gast« auf Erden und beschrieb seine Heimat in kosmischen Dimensionen: »zwischen den Sternen«. An einem glühenden Augusttag befand ich mich ganz in der Nähe (nur sieben Kilometer entfernt) von seiner Kleinen Heimat – dem Ort, wo der zufällige Gast zufällig das Licht dieser Welt für ein zufälliges Vierteljahrhundert erblickt hatte. Das Dorf Nowica liegt im Bezirk Gorlice in den Beskiden, ringsum erstrecken sich die Wälder der Lemken. Es war Sonntag, als wir dort ankamen, ein heißer Vormittag – keine Menschenseele weit und breit. Das Dorf war, wie sich herausstellte, nicht gerade groß – ungefähr dreißig bis vierzig Bauerngehöfte –, und es war zweifellos ein Ort »ohne Perspektive«, wie man bei uns sagt. Die Perspektiven hatte man ihm alle genommen, im Jahr 1947, als es zu einer, was das Ausmaß des Zynismus betrifft, phänomenalen Abrechnung kam, die sich auch in unserem an zynischen Abrechnungen nicht eben armen Jahrhundert sehen lassen kann. Damals wurden hier nicht nur Männer, Frauen und Kinder, sondern das Leben selbst deportiert.

Die traditionellen, gedrungenen Häuser aus nachgedunkeltem Holz (ein potentielles Objekt für analytische Ekstasen gelehrter Ethnographen) stehen noch, stumm, fest verriegelt, dunkel und tot. Solche Dinge sprechen für sich. Die oppositionelle Jugend der achtziger Jahre pilgerte aus den Universitätsstädten hierher, auf der Suche nach der eigenen Identität. In einem dieser schwarzen Gehöfte fanden die fast rituellen Treffen statt, beinahe wie die Zusammenkünfte der ersten Christen in den Katakomben. Natürlich wurden Gedichte von Antonytsch vorgelesen. Kerzen brannten, erste Liebesdramen bahnten sich an. Man kann auch jetzt noch durch das Fenster spähen und den Lehmboden, die Holzbänke und den offenen Ofen sehen. Ich habe diese Chance genutzt.

Dann führte uns der Weg zur Holzkirche und zum kleinen Friedhof, der sie umgibt. Das war bereits die unwiderlegbare Authentizität des Ortes. Antonytschs Vater, der griechisch-katholische Pfarrer Wasyl, wirkte hier bis zum Jahr 1915, als er mit seiner Familie aus diesem Ort evakuiert wurde, für immer: die Russen kamen, in der Luft lag ein Geruch von Blut und Äther.

In der Kirche fand ein Gottesdienst statt, gut drei Dutzend übriggebliebene alte Männer und Frauen, die die Gemeinde von Nowica bildeten, wiederholten im Refrain, was ein Priester mittleren Alters vorsang. Einige Wanderer und Tolkien-Fans im touristischen Outfit blickten gebannt auf so viel byzantinische Exotik und lauschten dem müden »Hospody, pomyluj«. »Das Dorf geht zugrunde« – dieser Satz aus einem Lesebuch kam mir in den Sinn. Auf Friedhofskreuzen mit seltsamen Namen, synkopisch wie die Musik der Lemken, tauchten immer wieder kyrillische Schriftzeichen auf, die an Glanz und Elend der Geschichte gemahnten.

Und schließlich war hier das Haus, nein, nicht das Haus, nur noch die Stelle, wo einst das Haus des Pfarrers Wasyl Antonytsch stand, das Haus des Dichters im kleinsten, schmalsten, engsten Sinn. Vielleicht existiert es deshalb nicht mehr, wurde ausgelöscht.

Heute hat hier jemand anderes das Sagen. 1989 mußte ein kleines Denkmal gegenüber aufgestellt werden – der neue Besitzer ließ nicht zu, daß es auf seinem Grund und Boden errichtet wurde. Geblieben sind nur zwei Eschen, zwei hundertjährige Baumriesen, die seinerzeit wohl die Einfahrt zum Hof des Geistlichen markierten. Als sie noch klein waren, wurde der Dichter geboren. Die Bäume wuchsen und Antonytsch wuchs. Das ist das Ende der Geschichte.

Das irdische Leben ist wie eine Spur auf dem Wasser. Wohl dem, der sein Haus zwischen den Sternen hat.

2

In den letzten sieben, acht Jahren habe ich bei der Rückkehr von diversen Ausflügen in den Westen viel Erfahrung beim Überschreiten der polnisch-ukrainischen Grenze gesammelt. Ich will mich dessen nicht rühmen, das liegt mir fern, ich stelle nur fest.

Die Grenznähe bestimmt die Lebensweise. Die Grenznähe führt zu einer inzestuösen Liebe zwischen Zollbeamten und Schmugglern. Ich kenne die einen wie die anderen aus nächster Nähe. Ich weiß, wie sie aussieht, diese polnisch-ukrainische Freundschaft an der Schwelle des neuen Jahrtausends und eines neuen, mit Verlaub, Europa.

Mein Weg führt häufig durch Przemyśl, eine der »Städte an der Grenze«, eine Art östliches Straßburg oder Triest. Einige Historiker behaupten, in den zwanziger und dreißiger Jahren (ganz zu schweigen vom Anfang des Jahrhunderts) sei Przemyśl eine viel ukrainischere Stadt gewesen als beispielsweise Lwiw; Historiker lieben es, einen mit Fakten totzuschlagen, sie werfen damit um sich wie mit Steinen. Wir setzen ihnen die Wirklichkeit entgegen – die von heute.

Das heutige Przemyśl ist voll von Ukrainern – aber leider nicht von autochthonen, sondern von Eintags- und Basar-Ukrainern (Basar natürlich im osteuropäischen, nicht im orientalischen Sinn), einer bunten Menge, die aus allen Gegenden der Ukraine, unserem heimatlichen Kontinent, zusammenströmt. In Przemyśl werden sie heute »Schoschonjaner« genannt. Das ist natürlich ein Zugeständnis an die Phonetik, eine Reaktion auf das am Basar ständig zu hörende Wort »scho-scho« – was, was? Vor zwanzig Jahren, als die Innenstadt von Lwiw von polnischen Händlern wimmelte, die ihre Waren aus ihren Maluchs* heraus verkauften, fing man bei uns an, sie »Pscheky« zu nennen – nach demselben phonetischen Prinzip. Trotzdem hüllt sich die nackte Phonetik in den Mantel der Semantik. Was soll man sich also unter den Schoschonjanern vorstellen?

Die Einwohner von Przemyśl verbinden damit vor allem ein keuchendes Wesen im Trainingsanzug *made in China* mit mindestens sechs Händen und entsprechend vielen karierten

---

* Die Polen nennen ihren Trabi, den »polski fiat«, liebevoll »maluch«, d. h. »Kleiner«.

Taschen, das meist russisch spricht (die ukrainischsprachigen Galizier bevorzugen weiter entfernte Märkte im Westen oder Norden). Ein beträchtlicher Teil der Bevölkerung von Przemyśl hat sich dank der »Schoschonjaner« und ihres einzigartigen Staates gut eingerichtet, weil er – in der Terminologie der Basarexistentialisten – auf dem Zwischenhandel sitzt und mit unzweifelhaftem Gesindel um allerlei zweifelhaften Krempel feilscht. Daher die tolerante Einstellung zu den »Schoschonjanern«.

Kommerzielle Interessen überwiegen, die Grenznähe bestimmt die Toleranz und das Einvernehmen, deshalb sind auch alle Reklamewände und Schilder zweisprachig, polnisch und russisch, wie die Einwohner von Przemyśl glauben, obgleich das in Wirklichkeit eine andere Sprache ist, die eher dem »Schoschonjanischen« gleicht: Mebel, Kleiderung, Wexelstube.

Außerdem unterscheiden sich die Ukrainer von heute wesentlich und vorteilhaft von den einstigen Ukrainern aus Familiengeschichten und Kinder- und Jugendbüchern. Diese Ukrainer waren alle »Menschenschlächter« und »Atamane«, spazierten mit blanken Streitäxten herum und waren immer auf seiten der Deutschen oder der Russen, wenn es darum ging, das polnische Volk auszurotten. Ich erinnere mich, wie meine polnische Bekannte erstaunt eine Fünf-Hrywna-Banknote betrachtete: »Der sieht ja beinahe aus wie Jan Sobieski!« Ihrer Vorstellung nach hätte Chmelnyckyj eher King-Kong oder sonst einem Ungeheuer gleichen müssen.

Seit sieben, acht Jahren komme ich von Zeit zu Zeit auf meiner Rückreise nach Lwiw durch Przemyśl, die Stadt der polnischen Skinheads, durch jenes »umstrittene«, jenes »gemeinsame Territorium«, Galizien. Seit sieben, acht Jahren beobachte ich ähnliche Szenen: Der Bus, vollgestopft mit abgekämpften Landsleuten und ihren Gepäckstücken, Streit um die erstbeste Kleinigkeit, widerlicher Geruch, russische Gespräche, russische Diskomusik, Geldsammeln, um die

Zollbeamten und Schmuggler zu bestechen (zehn Dollar für eine große Tasche).

Dazu zwei bis drei auf den ersten Blick erkennbare Polen, Touristen auf der Suche nach dem Atlantis der polnischen Stadt Lwów (Kirchen, Grabstätten, Heldenfriedhof »*Orląt*«). Ich lese die Namen auf den Wegweisern – Mostyska, Sudowa Wyschnja, Horodok – jeder einzelne hat so viel in sich aufgenommen, daß seine Bedeutung mehr umfaßt als die Geschichte, den Mythos, ja, sogar die Dichtung. Hier aber, neben mir, fährt die wirkliche Ukraine – jenseits der Geschichte, jenseits des Mythos, jenseits von allem auf der Welt, so ein »scho-scho?«...

3

Seit kurzem stehe ich unter dem Einfluß einer peripheren historischen Szene.

Vermutlich erklärt sich dieser Einfluß aus der Authentizität des Ortes: mein Bekannter, ein Kunsthistoriker, beschrieb sie dort, wo *sich alles abgespielt hatte, nämlich im Gebäude der ehemaligen* Kirche der Jungfrau Maria, auch Kollegienkirche genannt, mitten im Zentrum des alten Stanislau, am Scheptyckyj-Platz, der damals Ferdinandsplatz und – aus unerfindlichen Gründen – auch Urizkij-Platz hieß.

Man stelle sich diesen Traum vor. Er spielt im Jahr 1751, ist also allem Anschein nach ein Barocktraum. Die Zeremonie des Abschieds vom einbalsamierten Leichnam des Grafen Józef Potocki, des Woiwoden von Kamieniec, Großhetman der Polnischen Krone etc. etc. – eine Auflistung aller Titel und Würden würde den Rahmen sprengen. Der Leib des Staatsmannes und Inhabers der Stadt Stanislau wurde vom Stammschloß in Załozce hierher überführt, hier soll er seine Ruhestätte finden, in der Krypta der Kirche, im Familiengrab, neben den anderen Potockis, unweit seines älteren Bru-

Brotstand in Stanislau, 2000

ders Stanisław, der eine Epoche früher, vor 68 Jahren (ein ganzes Menschenalter!) bei Wien gefallen ist. Aber das ist eine andere Geschichte, ein anderer Traum: von Kamelen und Türken in bunten Zelten. Kehren wir zurück zum ersten.

Die Tränen fließen ungehemmt, das Herzeleid kennt keine Grenzen. Das Abschiednehmen dauert mehrere Tage, der Sarg ist offen, Halbdunkel, Fliegen, Kerzen, die lateinischen Worte des Requiems. Die hitzigsten Vasallen des Grafen drängen in die Kirche hoch zu Roß, um sich gleich darauf unter herzzerreißenden Schreien Stichwunden zuzufügen. Das verrät eine gewisse Verzweiflung. Herr im Himmel, warum hast Du ihn zu Dir berufen und nicht mich?

Das sind die letzten Regungen der Sarmatenseele, das ist der Herbst der »Rzeczpospolita beider Nationen«. Das ist einfach der Herbst. Das ist noch einmal der Herbst, der Herbst nach Huizinga. Das sind Szenen aus dem Theatro mundi, wo Stichwunden real sind und auch das Blut, die Schauspieler geben ihr Letztes, sie spielen nicht, sie leben, nein – sie leben, d. h. sie spielen. Hier geht es nicht um Echtheit, sondern um Artistik als Selbstzweck.

Ich lebe in einer Stadt, der es ausdrücklich an Ausdruck fehlt – man muß ihn erraten oder sich erträumen. In historischer Hinsicht wird sie zweifellos viel geringer geschätzt als das benachbarte Lwiw oder Czernowitz. Sie liegt genau in der Mitte zwischen ihnen, also in einem Bereich, wo sich ihre Schatten, ein königlicher und ein fürstlicher, überschneiden. Ihr war offenbar kein Anteil an der »großen Geschichte« zugedacht. Deshalb scheint mir jeder dieser Träume von großer Bedeutung. Sie erinnern uns an etwas Großes.

Was sollen wir heute mit diesen Erinnerungen anfangen?

Ich halte nichts von drastischen Konfrontationen und gehöre nicht zu denen, die pathetisch den *Zeitgeist* anklagen. Ich verlasse die Kollegienkirche, erfüllt vom Zetern und Schluchzen vergangener Epochen, hypnotisiert von den frischen Wunden auf einer adeligen Brust. Um mich herum tobt der Alltag von heute.

Die Innenstadt – basarhaft, schäbig, mit katastrophalen Bauten, Ratten und Gesindel. Sie war das Objekt meiner früheren Inspiration, wenn mir der erhabene Ausdruck gestattet ist. Es gab eine Zeit, da wollte ich die Funktion des Restaurators übernehmen und mit dem flüchtigsten Material – der Sprache – zumindest Fragmente der alten Mauern und Türme, Liebschaften und Träume, die unbedingt hier spielen müssen, wiederaufbauen. Heute ist es hier zu schmutzig, zu eng, jeder verkauft etwas, baut etwas an, richtet es zugrunde. Ich fürchte, die Nachkommen der Karpatenräuber haben die Stadt nun endgültig eingenommen und überschwemmen sie mit ihrem Plunder, u. a. billigstem Abklatsch aus Moskau. Ich fürchte, das ist eine besonders raffinierte Ironie der Geschichte. Es geht nicht darum, daß das Wappen der Potockis am Tor zu ihrem Schloß, dem Potocki-Schloß, fehlt. Das Feindbild kann man in die Vergangenheit projizieren und sich noch lang an seiner Pflege ergötzen. Nur, was tun mit der Zukunft?

Diesbezüglich habe ich jedem Pathos abgeschworen. Über die Zukunft kein Wort – sie ist so weit weg, daß man sie vielleicht nie erleben wird. Halten wir ein, hier und heute. Das ist unser Land, eine ausgeplünderte Provinz, das Ende des Jahrhunderts, das Ende der Welt und überhaupt von allem. Das ist unser Territorium – ein anderes haben wir nicht. Territoriale Ansprüche sind einstweilen nicht vorgesehen. Und niemand wird uns daran hindern, es völlig zu ruinieren.

Shevchenko is ok

1. Charisma

Die Hagiographie Taras Schewtschenkos beginnt für die meisten Ukrainer mit seiner Reise als Kind *ans Ende der Welt*. Schon in den untersten Grundschulklassen kommen die Lehrer oft und nachdrücklich auf diese Episode zu sprechen: Der sechsjährige Knabe macht sich eines Sommertags, ohne jemandem ein Wort zu sagen, von zu Hause auf – zum Horizont, dorthin, wo für ihn *der Himmel mit der Erde zusammenfließt* und die Welt endet.

Die offene Weite der flachen Steppenlandschaft ist verführerisch. Alles scheint erreichbar, selbst der letzte Streifen am Horizont. Am ersten Tag muß der Junge unverrichteter Dinge umkehren; das *Ende der Welt* ist noch weit, der Abend bricht herein, und der junge Wanderer kommt zu dem Schluß, daß er wohl zu spät losgegangen ist. Eine solche Entfernung erfordert mehr Zeit, denkt er weitblickend und kehrt still nach Hause zurück. Am nächsten Tag verläßt er das Haus noch vor Morgengrauen, um vor Einbruch der Dämmerung das *Ende der Welt* zu erreichen und – wenn irgend möglich – wieder zurückzukommen. Den Frühtau, den Duft der Steppengräser, das allmähliche Hellerwerden des Himmels kann sich jeder selbst ausmalen.

Nachdem er vier Werst zurückgelegt hat, kommt der Knabe in das Nachbardorf namens Pedyniwka. Das ist ein Schock – stellt sich doch heraus, daß es auf der Welt noch ein Dorf gibt, und daß dort Menschen leben, die er noch nie gesehen hat. Die Welt beginnt zu wachsen. Was aber, wenn es nicht nur zwei solche Dörfer, sondern drei, zehn oder gar zehntausend gibt?

Das Ende der Welt verschwindet jenseits der Grenze des Erreichbaren. Die Erde wird unter seinen Augen größer, aufgescheuchte Steppenvögel fliegen vor seinen Füßen auf, die Wälder sind voller verständiger Geschöpfe, in den Bächen reden die Fische. Tief in der Nacht wird der völlig Erschöpfte von *Tschumaki* heimgebracht, fahrenden Salzhändlern, die in den Weiten der ukrainischen Steppe die Verbindung zwischen den Dörfern und der Außenwelt herstellten. Die ältere Schwester, die Mutter lebt nicht mehr, läßt nicht zu, daß der Kleine bestraft wird, sie füttert ihn (die Augen fallen ihm zu, der Kopf sinkt vornüber) und bringt ihn schließlich mit den Worten »Schlaf, du Landstreicher...« zu Bett.

Von all den biographischen Darstellungen, die ich kenne, erwähnt nur eine diese Begebenheit, die einer kritischen Überprüfung allerdings kaum standhalten wird. Seine Auserwähltheit, so prätentiös das in unseren ironischen Zeiten auch klingen mag, kündigt sich mit Macht an. Überlieferungen, Anekdoten. Legenden, Versionen, Gerüchte – das alles umgibt Schewtschenko mit jenem anziehenden, bisweilen auch grobianischen Flair, das ihn sein ganzes Leben begleiten wird. Von seiner frühen Jugend bis zum Tod erzwingt der Dichter geradezu, daß man über ihn spricht. Dabei ist er nicht einmal auf *publicity* bedacht, die stellt sich von selbst ein. Daran ändert auch sein gesellschaftlicher Stand kaum etwas: Als er noch Leibeigener im Dienst bei einem brutalen Gutsherrn ist, spricht man genauso über ihn wie zur Zeit seiner legendären Auslösung aus der Leibeigenschaft in Petersburg, man spricht über ihn zu einer Zeit, als seine Gedichte unglaublich modern sind und in den vornehmsten Salons der damaligen Ukraine unter großen Gemütsaufwallungen rezitiert werden, und als er im fernen Asien in der Verbannung lebt (nachdem ein allerhöchstes, kaiserliches *Schreib- und Malverbot* den eitlen Ambitionen dieses widerwärtigen kleinrussischen Parvenus scheinbar ein für alle Male ein Ende gesetzt hat).

Es hieß, er sei der Abkömmling eines großfürstlichen Geschlechts, den man einfachen Bauern untergeschoben hätte.

Er könne ein halbes Fäßchen Schnaps austrinken, ohne betrunken zu werden. Er lebe mit seinem Petersburger Lehrer Karl Brüllow wie mit einem Geliebten zusammen. Er schicke sich an, einen ukrainisch-polnischen Aufstand in der rechtsufrigen Ukraine anzuführen. Auf den vornehmsten Empfängen tauche er mit einem Haufen von Landstreichern, entflohenen Zwangsarbeitern und dreckigen, verlausten Musikanten auf, die ihm zum Tanz aufspielten. Die Einnahmen aus dem Verkauf seiner Bilder verteile er an fahrende greise Sänger. Er sei in Wirklichkeit ein Vampir, und deshalb gebe es so viel Blut in seinen Poemen.

Unentwegt entstanden neue Legenden dieser Art, die in unterschiedlich starkem Maße vom wahren Sachverhalt abwichen. Er war ein Dauerthema. Man sprach über ihn beim Tee und beim Kartenspiel, auf Gesellschaften und Besuchen, in Buchläden, Theatern, vor der Kirche, auf Faschings- und Osterfesten, auch in der privaten Korrespondenz Dritter wurde er oft erwähnt. In amtlichen Briefwechseln taucht er ebenfalls auf, und zwar noch Jahrzehnte nach seinem Tod.

Seine schmale, aus acht Poemen bestehende Sammlung »Der Kobsar«, die 1840 in Petersburg erschien, entfesselte in weiten Leserkreisen einen Sturm der Emotionen. In der Ukraine riefen öffentliche Deklamationen aus dem »Kobsar« auf den verschiedensten bürgerlich-adeligen-altkosakischen Versammlungen wahre Tränenausbrüche der Begeisterung hervor. Das waren die Zeiten (später als romantisch bezeichnet), in denen alle weinten, offen, laut schluchzend und mit Gusto; Taschentücher gehörten damals zu den wichtigsten Accessoires jeder auch nur einigermaßen feinsinnigen Persönlichkeit, schon bei den ersten Zeilen eines Gedichtes überzogen sich die Augen der Zuhörer mit einem feuchten Glanz, um dann reichlich Tränen zu verströmen, denn die Tränen, die über ein Kunstwerk vergossen wurden, galten als dessen höchstes Gütesiegel. Das Weinen begleitet Schewtschenko immer und überall – es weinen die Damen und ihre

Kavaliere auf nachbarlichen Abendgesellschaften in der Provinz, es weinen halbverhungerte Studenten und Malereleven in Petersburg, Kiew und Wilna, es weinen Gendarmen, Offiziere der zaristischen Armee und patriotische polnische Verschwörer, der russische Schauspieler Michail Schtschepkin weint ebenso wie der amerikanische Neger Ira Aldridge, Schewtschenko selbst weint, wenn er auf Bitten von Gutsbesitzern und deren Gästen beispielsweise seine »Kataryna« rezitiert, es weinen die Dienstmädchen, die Köche, die Lakaien und Pferdeknechte, die sich hinter den Türen des Salons im Vorzimmer drängen und auf jeden Schluchzer ihres Taras lauschen.

Das Weinen hört auch nach seiner Verhaftung nicht auf (im Frühjahr 1847 wird Schewtschenko unter dem Verdacht staatsfeindlicher politischer Tätigkeit und Bildung einer geheimen Freimaurer-Bruderschaft verhaftet), nicht während seiner langjährigen Verbannung, und erst recht nicht nach seinem Tod. Sogar Schewtschenkos hängenden Schnauzbart, Markenzeichen des Nationalbewußtseins, wird man mit der Zeit als das »Weinen der Ukraine« apostrophieren.

Außerdem singt er gern – und alle weinen, wenn er singt. Außerdem mischt er gern Schnaps mit Tee. Außerdem ist er sehr umgänglich, redet viel und kann interessant erzählen, er kennt unzählige lustige Geschichten, raucht Zigarren (echte kubanische). Außerdem ist er starrsinnig und undurchschaubar und strahlt zuweilen eine beängstigende Skandalbereitschaft aus. Er ist etwas schwerfällig, »breit gebaut«, kein besonders guter Tänzer, doch bezaubert er alle. In den siebenundvierzig Jahren seines Lebens – von denen er zehn Jahre beim Militär zubrachte – fand er Hunderte, wenn nicht Tausende von Bekannten und Freunden. Sein »Tagebuch« besteht aus unzähligen Namen, einer ganzen Galerie von Jüngern, Anhängern (und Anhängerinnen), Wohltätern, Fürsprechern und Sympathisanten.

Die Kehrseite dieses Charismas ist die pathetische Aura

von Schmerz und Leiden, die die Gestalt Schewtschenkos fast von Geburt an umgibt. Sein reales Leben, jede Wendung seines unerträglich schweren und harten *Schicksals* geben Anlaß zu besonderer Verehrung. Prüfungen, die ihn in der Rolle des Erwählten bestätigen, gibt es seit Beginn seines Lebens: die Herkunft aus einer bitterarmen, leibeigenen Bauernfamilie, der Tod der Eltern, zunächst der Mutter, dann des Vaters, eine Kindheit also, die nicht nur von Hunger, Kälte und Unfreiheit, sondern auch vom Los des Waisen geprägt ist; die völlige Abhängigkeit vom Herrn und Gutsbesitzer (die sein halbes Leben dauern wird – bis zum vierundzwanzigsten Lebensjahr, als eine Gruppe von Petersburger Intellektuellen Mittel und Wege findet, ihn für eine beträchtliche Summe freizukaufen!); die bereits erwähnte Verhaftung und anschließende Untersuchung, Kerker und Verhöre in den Verliesen der Peter-Pauls-Festung; Verbannung auf fünfundzwanzig Jahre als *einfacher Soldat* im östlichsten, wildesten Winkel des Imperiums, wo er – man kann es ruhig wiederholen – mit Schreib- und Malverbot belegt ist, schließlich körperliches Leiden und Krankheit, die ihn auch nach der geradezu wundersam anmutenden Amnestie und Befreiung im zehnten Jahr der Verbannung nicht mehr verlassen. In die große Welt kehrt er gebrochen und halbtot zurück, viele seiner Bekannten erkennen ihn anfangs nicht wieder, und sein letzter Traum – zu heiraten, *und sei es des Teufels Schwester* – bleibt das Phantom einer anderen Existenz, für die ihm keine Zeit mehr vergönnt ist.

Als letzte charismatische Instanz tritt der Tod auf. Er ereilt Schewtschenko auf den Stufen seiner Petersburger Wohnung im Gebäude der Akademie der Künste, am Morgen nach seinem Geburtstag. Was folgt, ist die Entwicklung der Begräbnis-Psychose – der Smolensker-Friedhof in Petersburg, Scharen trauernder Oppositioneller, Studenten, Studenten und noch mal Studenten, Studenten und Gymnasiasten, Reden in ukrainischer, russischer und polnischer Sprache, ein

Lorbeerkranz auf der toten Stirn, der Sarg, der in die kalte nördliche Erde gesenkt wird. Aber schon wenige Tage nach dem Begräbnis beginnen die Ukrainer in Petersburg ihren Kampf um die Erlaubnis zur Überführung seiner sterblichen Überreste in die Ukraine. So muß es sein – so will es nicht nur der Wortlaut seines »Testaments«, sondern auch sein Charisma. Zu guter Letzt erteilen die Behörden die Genehmigung (nur raus aus der Hauptstadt mit dem verdammten Toten und seinem bleibeschlagenen Sarg!). Siebenundfünfzig Tage nach dem ersten Begräbnis wird der Sarg wieder aus der Erde geholt, auf Schultern wird er durch die ganze Stadt getragen (wieder eine Gelegenheit zu einer Manifestation, es wäre eine Sünde, sie nicht zu nutzen!), über die Wassilij-Insel und den Newskij-Prospekt, insgesamt fast sieben Werst, bis zum Bahnhof. Von hier reist der Sarg mit der Eisenbahn weiter, in Moskau hat er wieder Aufenthalt, abermals Abschiedszeremonien, abermals Massen. Weiter geht's nur noch mit Pferden, einem schwarzen Vierspänner, auf der Poststrecke mit sämtlichen Stationen (Serpuchow, Tula, Orel, Hluchiw, Krolewez, Baturin, Nischyn, immer Richtung Süden); ringsum wird es Frühling, auf den April folgt der Mai. In Kiew trägt man den Sarg aus der Geburtskirche auf dem Podol an Bord des Dampfers »Krementschuk«, und weiter geht es acht Stunden den Dnipro abwärts, um schließlich den Sarg auf den Mönchsberg zu bringen, den Ort der zweiten – und endgültigen – Bestattung. Zehntausende sind an dieser über zweiwöchigen Performance beteiligt. Noch einmal möchte ich die Studenten erwähnen, die überall in Massen dabei sind, auf einzelnen Streckenabschnitten die Pferde ausspannen und selber den Katafalk ziehen, das ist wie eine Mischung aus Mittelalter, Romantik und Sozialismus. An jeder Station singen sie Psalmen, Kosakenlieder und verteilen radikale Aufrufe an die Anwesenden, ein paar Jahre später werden sie Bomben auf Gouverneure und Generäle werfen.

Keinem Heiligen gleich welcher Kirche ist je ein solches Begräbnis bereitet worden.

Anscheinend hat das Ritual der sakralen ukrainischen Umbestattung in Schewtschenkos Umbestattung seine Wurzeln. 1989 überführt man aus einem Todeslager im Ural die Gebeine der Menschenrechtler Stus, Lytwyn und Tychyj nach Kiew, um sie auf dem Bajkow-Friedhof, dem »Hauptfriedhof der Ukraine«, neu zu bestatten. 1992 findet in Lwiw die Neubeisetzung von Kardinal Josif Slipyj statt, dessen Asche man aus dem Vatikan geholt hat. In letzter Zeit spricht man von der Notwendigkeit einer symbolischen Umbestattung des Hetmans Mazepa, der vor zweihundertundneunzig Jahren im heutigen Moldova, in der Festung Bender, gestorben ist.

In der Tat, es ist ein Ritual, und ich verkünde nichts Neues, wenn ich sage: Wo ein Ritual ist, da muß auch ein Kult sein.

2. Der Kult

Wollte man das Wesen des Schewtschenko-Kults auf eine knappe Formel bringen, so könnte man verallgemeinernd sagen: »Schewtschenko – unser ein und alles«. Die Rigorosität, Einseitigkeit und Unanfechtbarkeit dieser Einstellung haben in erster Linie seine unmittelbaren Nachfolger zu verantworten, die großen Vertreter der ukrainischen Kultur in der zweiten Hälfte des 19. und zu Beginn des 20. Jahrhunderts wie P. Kulisch, I. Franko, M. Hruschewskyj und S. Jefremow. Sie waren es, die, wenn auch jeder auf seine Weise, ein ganzes System von Ideen schufen, das Schewtschenkos Größe darauf festlegte, daß er ein *echter Dichter des Volkes* war, der ungeachtet seiner Herkunft aus den untersten sozialen Schichten in die *aristokratischen Höhen des Geistes* vorstieß, der um den Preis persönlichen Leidens und harter Prüfungen der Welt vom Schicksal des ukrainischen Volkes zu berichten vermochte und dem ukrainischen Volk von dessen Bedeutung für die Welt, womit Schewtschenko der *geistige Vater der Nation* ist, einzig, unvergleichlich und unerreichbar. Eine Reihe von Indizien spricht für seine Heiligkeit (die allerdings eine besondere, nicht traditionell-kirchliche, sondern eher säkularisierte oder *bürgerliche* Form von Heiligkeit darstellt), so zum Beispiel die Vita eines Kämpfers, Texte von kanonischem Rang, ein Heiliger Berg als Ort der letzten Ruhe und ständiges Wallfahrtsziel.

Für die Herausbildung des Schewtschenko-Kults in der ukrainischen Gesellschaft waren zwei seiner Jubiläen von besonderer Bedeutung, die in ein- und dieselbe historische Epoche fielen: der fünfzigste Todestag (1911) und der hundertste Geburtstag (1914). Beide Daten gestalteten sich einigermaßen stürmisch und dramatisch, ungeachtet der unverhohlenen *Mißbilligung* seitens der zaristischen Behörden. (Das politische Schlitzohr Lenin machte sich das sogleich zunutze. »Das Verbot der Schewtschenko-Ehrungen«, schrieb er aus der Emigration, sei »eine unter dem Gesichtspunkt der Agitation gegen die Regierung wunderbare, ideale und äußerst glücklich gewählte Maßnahme«, und »daß man sich keine bessere Agitation vorstellen könnte«. Wie viele *bewußte Ukrainer* er, Lenin, damit für die kommunistische Idee gewann, konnte noch niemand ermitteln, doch nehme ich an, daß es sich um ganze Legionen ergebener Freiwilliger gehandelt hat.)

Kein wie auch immer gearteter Kult ist dagegen gefeit, zu politischen oder ideologischen Zwecken umfunktioniert zu werden. Schewtschenko ist in dieser Hinsicht keine Ausnahme, sondern bestätigt die Regel einer solchen – zumeist sehr zynischen – *Umfunktionierung*. Wie jeder Metatext (die Person plus ihre Texte) ist auch er immer offen, sehr suggestiv, krass und widersprüchlich. Somit läßt er sich auf jede Weise interpretieren und *aneignen*, zumal in der ukrainischen Gesellschaft, deren Kenntnis von Schewtschenko-

Texten üblicherweise auf ein paar *Hits* aus den Lesebüchern beschränkt ist, denn bei aller *Nähe zum Volk* wird der Dichter von diesem Volk nicht besonders intensiv gelesen.

Hier ein paar Beispiele für die kleinen Schewtschenkos, die man bis heute mit viel Aufwand in den verschiedenen ideologischen Lagern konstruiert.

»**Schewtschenko, der Kommunist**«. Im Zentrum steht die These von der sozialen Herkunft (die geknechtete Unterschicht) des Dichters, der er sein ganzes Leben treu geblieben sei; der Haß gegen die *Herren, die Herrschaften und das Herrschaftliche*; in seinen Texten der unverhohlene Aufruf zur gewaltsamen Beseitigung der herrschenden Zustände (Äxte, Blut, die Revolution des Volkes); ein konsequenter Egalitarismus; den Hang zu einer kommunistisch-utopischen Zukunftsvision (»die erneuerte Erde«). Besonders betont man die Nähe Schewtschenkos zu den russischen »revolutionären Demokraten«, den Einfluß, den diese auf ihn ausübten. Manche sowjetische Getreue dieser Variante des Schewtschenko-Kults gingen noch weiter, indem sie ihn zu einem sowjetischen Propheten machten (das Bild einer *großen, freien und neuen Familie* aus seinem »Testament« wurde als »Vorahnung der Völkerfamilie der Sowjetunion« gedeutet).

»**Schewtschenko, der Nationalist**«. Die Werke des Dichters sind von ritterlichem Kosakengeist geprägt, Schewtschenko ist derjenige, der als erster das ukrainische Nationalbewußtsein aus seinem Schlaf erweckt, die Nation eine Nation genannt und deren nationale Idee und historische Bestimmung erkannt hat. Das Ideal des Dichters ist die Freiheit, die zweifellos als Freiheit für die Ukraine zu verstehen ist. In seinen Werken finden wir Spuren des Hasses oder zumindest der Verachtung für andere, feindliche Nationen (Moskowiter, Juden, Polen), manchmal kriegen sogar die Deutschen ihr Fett ab (»ein zugeknöpfter deutscher Kauz«). Die bewaffneten nationalen Bewegungen aus der Zeit der ukrainischen

Freiheitskämpfe (1918-1922), alle diese Hajdamaken, Sitsch-Schützen, Atamanen-Getreuen machten sich seinen Stil, Schewtschenkos Ästhetik zu eigen – von ihren Faschingsuniformen bis zur Phraseologie. Und dasselbe Bild der *großen, freien und neuen Familie* aus seinem »Testament« wird hier als eindeutige Vision des Dichters von einem zukünftigen einheitlichen und allumfassenden ukrainischen Staat gedeutet.

»**Schewtschenko, der Christ**«. Schon das Leben Schewtschenkos ist ein Beispiel für christliches Märtyrertum. In seinen Werken findet sich eine Fülle von biblischen Motiven, Bildern und Anspielungen (überhaupt war die Bibel sein Lieblingsbuch, zu dem er immer wieder zurückkehrte). Schewtschenko wird als Schöpfer eines konsequenten und umfassenden ethischen Systems dargestellt, in dem Wahrheit, Wohltätigkeit, Liebe zu allen und allem, vor allem aber zu den Schwachen und Unterdrückten, fraglos im Mittelpunkt stehen, das also seinem Wesen nach zutiefst christlich ist. Das Spezifische an Schewtschenkos Christentum – darum kommt man nicht herum – besteht darin, daß er mit den offiziellen Kirchen und Kirchenleuten in Konflikt stand und sich in seinem Glauben immer mehr auf einen *personalistischen Protestantismus* zubewegte.

»**Schewtschenko, der Atheist**«. Schewtschenkos Antipathie und strikte Ablehnung von allem, was mit der Kirche und ihren Repräsentanten zu tun hat, ist in seinen Texten nicht zu übersehen. Pfarrer, Popen, *gemästete Mönche*, sowie die Attribute des Rituellen rufen bei ihm eine instinktive Abneigung hervor. »In der Kirche haben wir ihn nie gesehen«, erinnert sich eine Zeitgenossin. Den byzantinisch-orthodoxen Ritus nennt er in seinem »Tagebuch« »etwas völlig Fremdes und Fernes, wie aus Tibet oder Japan«. Eine Ikone soll man nicht aus ihm machen, wo er doch dazu aufrief, mit den Ikonen *den Ofen zu heizen*, und *aus Purpurmänteln Fußlappen zu reißen*. Aber es geht nicht nur um die gesellschaftliche

Dimension seines Unwillens gegenüber dem Ritus und den Popen. Er bringt seinen Protest auch auf ideeller Ebene zum Ausdruck, wenn er schreibt, daß er um der Ukraine willen fähig sei *Gott selbst zu verfluchen* (auch als Argument für den »*nationalistischen Schewtschenko*« geeignet).

Deshalb ist er kein Atheist, widersprechen andere. Sondern einer, *der gegen Gott kämpft.* Das sind zwei verschiedene Begriffe.

»Schewtschenko, der Dissident«. Schewtschenko gibt ein Beispiel für den individuellen Kampf des einsamen Idealisten gegen das totalitäre Regime. Sein Ethos ist genau genommen das Ethos des Widerstands des einzelnen gegen etwas weit Größeres, Mächtigeres, Unpersönliches, gegen eine gigantische Maschinerie der Unterdrückung. »Schewtschenko – das ist unser Protestlied«, formulierte es der Dichter und Dissident Ihor Kalynez im Jahr 1972, als die erste Verhaftungswelle in den Zentren des ukrainischen intellektuellen Lebens in Kiew, Lwiw, Stanislau, Czernowitz, Odessa und anderen Orten des Widerstands die Reihen bereits erheblich gelichtet hatte.

»Schewtschenko, der Anarchist«. Er war vor allem ein freier Mensch, ein echter Bohemien und Lebenskünstler, ein *Trunkenbold*, die Seele der Gesellschaft, kein Verächter von Essen, Trinken und Bordellen. Seine Unduldsamkeit in bezug auf Konventionen (des Standes, der Sitten, des Ritus) war grenzenlos, manchmal schockierte er seine Umgebung geradezu mit seinen elementaren Ausbrüchen und seiner Spontaneität. Daher auch sein Hang zur Rebellion, hinter der man jedoch kein politisches Programm sehen darf, er ist bewußt apolitisch. Von ihm ist der Ausspruch überliefert, »jede Politik sei amoralisch. Alles Unrecht sei politischen Absichten zuliebe geschehen und das werde auch so bleiben, das sei die Quelle allen Unglücks der Völker und Nationen, und jener Staat der beste, der überhaupt keine Politik habe«. »In unseren Tagen wäre Schewtschenko eine Art Rapper«, sagte erst kürzlich mein Freund, ein Rock-Musiker. »In den achtziger Jahren wäre er Punk gewesen«, fügte ein anderer hinzu.

Es ist erstaunlich, daß die radikalen Veränderungen in der ukrainischen Geschichte, die auf Unabhängigkeit und Eigenstaatlichkeit abzielen, immer wieder *hybride kleine Schewtschenkos* hervorbringen.

3. Die Polen

Als Verfasser des Poems »Die Hajdamaken« (und nur wegen dieses Texts) gilt Schewtschenko in einer bestimmten Phase seines Lebens und Schaffens als durchaus problematisch für die Geschichte der polnisch-ukrainischen Verständigung beziehungsweise Nichtverständigung. Daran ändert auch die Tatsache nichts, daß sich der damals noch junge Dichter im Vorwort zu seinem Poem (1841) bei den Lesern, insbesondere den polnischen, entschuldigt, die seine Absicht mißverstehen könnten: »Froh blickt man auf den blinden Sänger, wie er dort mit einem Knaben unter dem Baum sitzt, blind, und froh lauscht man ihm, wie er sein Heldenlied singt von dem, was lang vergangen ist, wie die Polen kämpften mit den Kosaken; froh ist man ... und wird trotzdem sagen: ›Gott sei Dank, daß es vorbei ist‹, – erst recht, wenn man bedenkt, daß wir einer Mutter Kinder sind, daß wir alle Slawen sind. Es tut im Herzen weh, doch man muß es sagen: Sollen die Söhne und Enkel sehen, daß ihre Väter sich irrten, sollen sie sich mit ihren Feinden wieder verbrüdern.«

Diese Bemerkung Schewtschenkos trifft auf beide Seiten zu – *sie irrten* (wie er das zurückhaltend bezeichnet) alle. Unsere Geschichte ist unsere gemeinsame Sünde.

Schewtschenko wuchs in einem besonderen Kulturraum auf, wo noch Fragmente und Überreste der alten polnischen Adelsrepublik zu spüren waren – die Präsenz des Polnischen in Mentalität und Sprache, in der Überlagerung von Traditionen, in der architektonischen Landschaft war deutlich ausgeprägt und augenfällig. Als junger Mann, der seinen Gutsherrn begleiten mußte, verbrachte er einige Zeit in Warschau, wo er Zeuge des polnischen November-Aufstands wurde. (Doch die Aufständischen verjagten bald alle »Russen« aus Warschau, so daß auch Schewtschenko mit seinem Herrn und dessen Gesinde weiterziehen mußte.) Später soll er in Wilna ein Techtelmechtel mit einem polnischen Mädchen gehabt haben, das älter war als er (anderen Versionen zufolge handelte es sich um eine junge Frau). Zeit seines Lebens waren auch Polen in seinem Bekannten- und Freundeskreis: Studenten, Adelige, Offiziere, vom zaristischen Regime beschattete Dissidenten. Der einzige, der aufgrund einer extremistischen Rede (in polnischer Sprache) beim Begräbnis Schewtschenkos ins Gefängnis kam, war ein polnischer Student.

Die polnische Kultur, vor allem die zeitgenössische, übte eine große Anziehungskraft auf ihn aus. Polnisch war eine der drei Sprachen, die Schewtschenko beherrschte. Er konnte also sowohl Mickiewicz, den er begeistert verehrte, wie auch Zaleski und den Historiker Lelewel im Original lesen. Wie wir aus Erinnerungen von Freunden wissen, versuchte er sogar, Mickiewicz ins Ukrainische zu übersetzen, aber es klappte nicht – ich nehme an, der polnische Syllabismus war im Weg –, und Schewtschenko zerriß das Geschriebene in kleine Fetzen; nicht einmal die Zeugen seiner schmerzhaften Bemühungen waren in der Lage, die Schnipsel aufzusammeln und wieder zusammenzufügen.

Seine Vision einer ukrainisch-polnischen Koexistenz goß Schewtschenko in die zweiunddreißig Zeilen eines Gedichts mit dem vielsagenden Titel »Den Polen« (es wird gelegentlich auch nach seiner ersten Zeile benannt: »Als wir noch Kosaken waren«). 1847 in der Festung von Orenburg begonnen, überdauerte dieses Gedicht in geheimen Aufzeichnungen die schwersten Jahre des Autors (ganze elf!) *hinter dem Stiefelschaft*. 1858, nach der Entlassung aus dem Militär, ergänzte Schewtschenko das Gedicht um eine achtzeilige Strophe.

Inhaltlich läßt es sich in drei Abschnitte einteilen. Der erste enthält die idyllische Darstellung eines lange vergangenen *Goldenen Zeitalters*, als die Ukrainer »noch Kosaken waren« und »mit den freien Polen sich verbrüderten«, die Erde aber ein gemeinsamer Garten war und man »dort fröhlich lebte!«. Doch das geht zu Ende (und damit beginnt der zweite Teil): »Bis daß im Namen Christi / die Pfarrer kamen, um unser / stilles Paradies zu verbrennen.« Damit ist das Böse metaphysisch und historisch dingfest gemacht – die katholische Kirche, mit anderen Worten, die religiöse Expansion des Westens. Der ganze zweite Teil besteht aus einer lakonischen und deshalb um so eindrucksvolleren Beschreibung der Hölle, in die man die Ukraine verwandelt hat (wie so häufig bei Schewtschenko, ein »Meer von Blut und Tränen«, ein Kopf nach dem anderen rollt, Stöhnen, Weinen, Qualen). Und wieder ein Priester, der mit »geifernder Stimme« ständig »Te Deum! Halleluja!« singt und jeden Mord und jede Gewalttat segnet.

Alles ist vorhanden. Dies ist in der Tat Schewtschenkos Vision (von seiner fast physiologischen Abneigung gegen die Kirche und ihre Diener war bereits die Rede). Einer der verschlungensten historischen Knoten in Osteuropa wird in Schewtschenkoscher Manier energisch und trotzig durchhauen: Es gibt das konkrete Böse, es gibt die Schuldigen, er sieht sie und kann sie beim Namen nennen.

Erst nach elf Jahren vollendet Schewtschenko sein Gedicht (de facto verfaßt er den dritten Teil), doch seine Schuldzuweisungen sind unverändert. Nichts wird revidiert. In seiner Rede an einen fingierten polnischen Freund (»Pole, Freund und Bruder«) nennt er dieselben Ursachen für die Zerstörung des einstigen gemeinsamen Paradieses – »die ewig hungrigen Pfarrer, die Magnaten / Haben uns entzweit, auseinandergebracht«. In den letzten vier Zeilen allerdings lädt er zur Wiederherstellung des *Goldenen Zeitalters* ein (nicht ohne die Geste der christlichen Demut): »Reich dem Kosaken doch die Hand / Reich ihm ein reines Herz! / auf daß in Christi Namen wir / Das stille Paradies erneuern«.

Bis heute fällt mir die Antwort auf die Frage schwer, ob dieses Gedicht zur Versöhnung beiträgt oder das Gegenteil bewirkt. So ist es nun mal. Das ist Schewtschenko.

4. Gloria mundi

Schewtschenko suchte den Ruhm – wie für alle genialen Narzißten war Anerkennung für ihn lebenswichtig, um seine Schaffenskraft am Blühen zu halten. 1849 schreibt er, wieder in der Verbannung, auf der Insel Kos-Aral im Kaspischen Meer ein verzweiflungsvolles Gedicht, in dem er seine Vorwürfe an die ukrainische Allgemeinheit formuliert: »Wohl denn, es naht das zehnte Jahr / Da ich den Leuten meinen ›Kobsar‹ schenkte, / Doch ihnen scheint das Maul fest zugenäht, / Nicht einer bellt, nicht einer flucht, / Als ob ich überhaupt nicht wäre.« Bei aller offensichtlichen Übertreibung, mit der der Dichter hier sein Drama versieht (hatte er bei seinem Charisma Grund zur Klage?!), ist doch eines bemerkenswert: von allen Qualen, die ihm zuteil werden konnten, waren Unbekanntheit, Nichtwissen, Verschweigen, Stille und Leere die schlimmsten.

Zum Glück kam es anders.

Von den ersten Schuljahren an hören alle Ukrainer vom *Weltruhm unseres großen Kobsars*. Davon, daß seine Werke in Hunderte von Sprachen übersetzt sind (in der Regel schlecht). Davon, daß man überall auf der Welt sein Denkmal findet (in Paris, Rom, London, Washington, New York, Vancouver, Winnipeg, Buenos Aires – die Aufzählung ließe sich beliebig fortsetzen); es gibt sogar Grund zu der Annahme, daß Schewtschenko *hinsichtlich der Zahl der Denkmäler weltweit der absolute Champion unter den Dichtern* ist. Was die schiere Masse an Bronze, Kupfer, Marmor, Granit oder Eisenbeton angeht, kann kein Dante oder Shakespeare mithalten. Die ukrainischen Gemeinden auf der ganzen Welt waren bemüht, die Mittel für ein Schewtschenko-Denkmal aufzutreiben; damit wollten sie vor allem sich selbst bestätigen und ihre legitime Anwesenheit an dem jeweiligen Ort bezeugen – eine bis heute primär rituelle und intim-ukrainische Aktion.

Der wirkliche Ruhm Schewtschenkos kommt jedoch unerwartet und zeigt sich auf besondere, für Schewtschenko typische Weise.

In New York wurde ich eingeladen, in einem literarischen Nachtcafé namens *Nuyorican* aufzutreten. Die Wortschöpfung spricht für sich – das Lokal befindet sich in einem der puertorikanischen Viertel von East Village. Die Einladung war von einem gewissen Keith Roach unterzeichnet. Wie ich mir später erklären ließ, ist *roach* ein Slang-Ausdruck für Joint.

Dichterlesungen finden im *Nuyorican Poets Café* jeden Freitagabend statt, sie beginnen gegen dreiundzwanzig Uhr und gehen bis in die frühen Morgenstunden. An einer mit gesprühten Verzierungen bedeckten Metalltür, vor der ein hünenhafter, leicht schwankender Uncle Joe mit ergrautem Haar lungert, zahlt man fünf Dollar Eintritt (für die Lyrik?) und kommt in einen engen, fürchterlich lauten Raum mit einem bunten Menschengedränge, bahnt sich mit Mühe einen Weg an der Bar entlang durch die Rauchschwaden zu einem kleinen Saal. Die Tische sind schon alle belegt, Zuhörer sitzen auf dem Fußboden, drängen sich auf dem Balkon und drücken sich an die Wände, jemand pfeift bereits und klatscht, die Musik überdröhnt alles, Reggae, Funk oder Rap...

Niemals werde ich diese Atmosphäre vergessen: unzählige Gesichter, Hautfarben, der ganze Planet, das Herz von New

York, die ungeheure Freiheit, die sich diese Nachkommen von Sklaven endlich erkämpft haben. In New York braucht man gar nicht ins Museum zu gehen – was soll dort ein Museum! –, man fährt einfach mit der Subway oder geht die Straßen entlang und schaut sich die Leute an, diese sagenhafte ethnische Mischung, dieses Sammelsurium von Kleidern, Frisuren, Accessoires und Tätowierungen, man lauscht dem spanisch-englisch-chinesischen Idiom und beginnt den Sinn des biblischen Mythologems von Babel zu verstehen...

Niemals werde ich den Auftritt des Publikumslieblings Keith Roach mit dem unverzichtbaren Joint im Mundwinkel vergessen – seine Kommentare trafen zweifellos ins Schwarze, obwohl ich vom Harlemer Dialekt und vom Jamaican English so gut wie nichts verstand. Aber als er von »Bubabu« redete, als wäre das eine alte afrikanische Beschwörungsformel, wußte ich, daß ich an der Reihe war...

Niemals werde ich eine echte Beschwörung vergessen: Ein charismatischer, hochgewachsener schwarzer Dichter, der aussah wie ein Basketball-Star, las, nein, predigte! revolutionäre Strophen, und das Publikum wiederholte im Chor den kämpferischen und wahrscheinlich heiligen Refrain, etwas, das sich wie »Om, scha-lak, scha-lak!« anhörte...

Niemals werde ich vergessen, wie meine Knie schlotterten und meine Kehle austrocknete. Ich stehe doch nicht zum ersten Mal vor einem Publikum, was soll dieses Zittern, diese Beklemmung? Ich fühlte mich wie fünfzehn Jahre früher: niemand kennt dich, niemand wird Nachsicht haben, du bist fremd hier, hallo, Fremder, zeig, was du wert bist und was du hier verloren hast, bei uns...

Der erste Kontakt mit dem Mikrophon stellt die Ordnung wieder her. Alle hören ungewöhnlich aufmerksam zu, alle sind sie schön, wahrhaftig bunte Blumen der Erde. Ich stellte ihnen den »Kosak Jamaika« vor, der Übersetzer Witali Tschernezkyj hatte eine, wie mir scheint, perfekte englische Version zustande gebracht, aus der ich u. a. erfuhr, daß man unseren *Sywucha*-Schnaps mit *moonshine* übersetzt. Den größten Erfolg beim Publikum hatte aber die Zeile »wenn du auch Europa bist, so bist du noch kein Mensch«. Da wurde ihnen plötzlich klar: Aha, diese Ukraine ist auch so was wie eine ehemalige Kolonie, wo es Sklaverei, Plantagen, das Sausen der Peitsche und langgedehnte Lieder gab, das sind auch entflohene Sklaven, die ganz und gar nicht in die Freiheit entlassen worden sind ...

Später, als ich bereits mein drittes Bier aus der Flasche trank (immer wieder gab mir jemand eins aus und bedankte sich), rief man mich zum hiesigen Patriarchen. Ein uralter, grauhaariger Puertorikaner, der König der Dichter, Begründer und Patron des *Nuyorican*, umringt von jungen, zigeunerhaften farbigen Frauen, zeigte seine vom Zigarrenrauch verfärbten Zähne und sagte etwas zu mir, das mich im Nu hätte nüchtern machen können: »*Listen*«, sagte er und lächelte über die ganze Breite seines äquatorialen Gesichts, »*Taras Shevchenko is my favorite poet! And I also know yob tvayu mat'!*«.

Er hatte mir zwei nette Dinge zu sagen – und die sagte er mir.

Ruhm und Ehre sei Dir, unser Vater Taras, dachte ich verdattert. Ewig stehst Du über uns und blickst auf uns alle hernieder aus Deiner Höhe.

Tschernobyl, die Mafia und ich

Der Tag der Katastrophe jährt sich bereits zum dreizehnten Mal. Es war Ende April, der Frühling hatte endgültig die Oberhand gewonnen, das Wetter triumphierte, die Baumblüte hatte gerade begonnen, das Gras grünte, so schön es nur konnte, mein kleiner Sohn war sechsundvierzig Tage alt, meine neuen Gedichte schienen zum Greifen nah. Am 26. April 1986 wußten wir von nichts, so wenig wie am 27., am 28., am 29. ... Erst am Vorabend des 1. Mai sickerte etwas durch von »vorübergehenden Problemen« und einer »Situation«, die »völlig unter Kontrolle« sei.

Heute, am Ende der neunziger Jahre, möchte ich noch einmal nachfragen: Was genau geschah am 26. April 1986 in der Ukraine? Warum sollte ich starke Worte meiden. Mit dem atomaren Ausbruch drang das Ewige in die Sphäre des Zeitlichen ein, ein Zeichen für die Präsenz des ganz Anderen. In die Sprache der politischen Analyse übersetzt, wäre keine geringere Katastrophe geschehen als die folgende: Die Bewohner des Sowjetimperiums machten die Erfahrung, daß es auf dieser Welt Kräfte gibt, die stärker sind als das Politbüro. Diese Erkenntnis brauchte jedoch ihre Zeit.

Wie haben wir im ersten Moment reagiert? Unsere Reaktionen zu verstehen, bedeutet sich klarzumachen, was es heißt, den Wind zu fürchten, den Regen zu fürchten, das frische grüne Gras, das Licht. Schon in den ersten Maitagen durchlebten viele von uns die unmittelbare Nähe eines neuen Todes – eines Todes, den wir nicht hören und nicht sehen konnten, eines »Todes zum Reinwachsen«, der sich überall ausbreitete, in den Gärten und Blumen, im Wasser und in der Luft, der sich in den Häusern und in unseren Menschenkörpern einnistete, die plötzlich zu leuchten begannen in ihrer Vergänglichkeit, eines Todes, der so sehr seiner Form beraubt war (und damit nach Hegel auch seines Sinns), daß unwillkürlich auch jeder Widerstand seinen Sinn verlor.

Widerstand gab es nicht, statt dessen Panik, die Flucht von Zehntausenden aus den Gebieten und Städten unweit des Unglücksortes, vor allem aus Kiew. Gerüchte von einer unmittelbar bevorstehenden zweiten Explosion, die angeblich viel stärker sein würde als die erste und nach der »es in Kiew aussehen würde wie in Tschernobyl und in Paris wie in Kiew« breiteten sich aus, Gerüchte, die, wie sich später herausstellte, keineswegs unbegründet waren. Man floh in erster Linie Richtung Westen – aus irgendeinem Grund flieht man bei uns immer nach Westen –, doch dank der Existenz des Eisernen Vorhangs beschränkte sich dieser Westen auf die Westukraine; das hinter den Bergen versteckte Transkarpatien erschien als eine Art Schweiz, und ich werde nie die überfüllten Bahnhöfe vergessen, Frauen mit kleinen Kindern auf dem Arm, die Luft zum Schneiden dick, Streit, Ohnmachten, stundenlanges, sinnloses Schlangestehen an Fahrkartenschaltern, von Spekulanten in astronomische Höhen getriebene Preise und Schweiß auf Gesichtern und Händen, der fast schon Todesschweiß war.

Während der ersten beiden Monate durchlief die offizielle Reaktion auf die Katastrophe eine Reihe von Metamorphosen. Das anfängliche Verschweigen wandelte sich in eine zunehmend großzügiger dosierte Information, Verharmlosung und Verniedlichung, in Enthüllungen, die der Wahrheit langsam, aber sicher näherkamen. Die gewohnt dreiste sozrealistische Erfolgspropaganda (»einfache Sowjetmenschen, wahre Helden, siegreich im Kampf gegen die Naturgewalten«) nahm im Zuge des Gorbatschowschen »Demokratisierungsprojekts« immer zynischere und lächerlichere Formen an, um schließlich einem zum ersten Mal in siebzig Jahren von offizieller Seite erlaubten Pessimismus zu weichen.

Für mich standen diese Monate unter bestimmten Vorzeichen. Am 9. und 10. Mai feierten wir in Lwiw zwei fünfundzwanzigste Geburtstage: den des Bubabisten Wiktor Neborak und den des »sentimentalen Metaphorikes« Iwan Malkowytsch, beide sind meine Dichterfreunde. Alkoholische Lichtblicke flammten in Köpfen und Eingeweiden auf, man spürte fast physisch, daß man mit etwas Gewaltigem und Schrecklichen von Angesicht zu Angesicht konfrontiert war. Ungefähr einen Monat später interessierte sich der KGB in Gestalt zweier Offiziere für mich. Der junge Dichter lernte die existentiellen Kategorien kennen. In Mexiko fand die Fußballweltmeisterschaft statt. Ich fuhr meinen Sohn stundenlang spazieren, zu den Seen und Gärten am Stadtrand, zum alten jüdischen Friedhof, zu einer zerstörten Mühle am Fluß, egal wohin, Hauptsache, ich kam ihnen aus den Augen. So wurde auch eine Reihe neuer Gedichte ausgetragen, das Wort »Tschernobyl« findet sich in keinem, ein Versäumnis, das nicht nur mir, sondern vielen anderen jungen Poeten bereits ein Jahr später, im Frühling 1987, zum Vorwurf gemacht wurde – auf einer der Dichterwerkstätten (»die ständige Form der ideologischen Arbeit mit der kreativen Jugend«), wo von »staatsbürgerlicher Infantilität und Passivität« die Rede war. Wie war es möglich, auch nicht ein Wort über ein so bewegendes, heroisches Thema zu verlieren!

Jemand von den Schriftstellern, vielleicht sogar der damals meistdekorierte Klassiker, zog die Bibel hervor und beförderte die Verse 10-11 aus dem 8. Kapitel der Apokalypse ans Tageslicht: »Und der dritte Engel posaunte; und es fiel ein großer Stern vom Himmel (…) Und der Name des Sterns heißt Wermut. Und der dritte Teil der Wasser ward Wermut, und viele Menschen starben von den Wassern, denn sie waren bitter geworden«. So und nicht anders. »Wermut«, eine Pflanze, die mit anderem Namen Tschernobyl heißt: die mystische Parabel stand in durchdringender Klarheit vor uns. In der zweiten Hälfte der achtziger Jahre machten wir uns das erste Mal Gedanken über die Chimäre der Zeitrechnung, uns wurde bewußt, daß die Jahre bis zum Ende des Jahrtausends gezählt sind, daß es *unsere* Jahre, die Jahre *unseres* Lebens waren, daß, was im Buch der Bücher geschrieben steht, in Erfüllung geht, daß Nostradamus Recht hat und wir selbst dazu auserwählt sind, diesen Weltuntergang mitanzusehen und als letzte dabei umzukommen.

Vorerst sahen wir aber nicht die Welt untergehen, sondern das System. Die Explosion von Tschernobyl wurde zweifellos zum entscheidenden Faktor im Prozeß seines Zerfalls. Alles hatte mit der simplen, bereits erwähnten Erfahrung angefangen: das Sein war komplexer, als die Kremlführung vorgab, die existentielle Dimension hatte, wie sich herausstellte, größere Bedeutung als die politische. Je weiter das Geheimgehaltene aufgedeckt wurde, desto mehr geriet das System aus den Fugen. Das Verschweigen in den ersten Tagen und die hysterische Selbstbeschwichtigung in den darauffolgenden wurden ebensowenig verziehen wie der 1.-Mai-Umzug der Kinder auf dem total verstrahlten Kreschtschatyk in Kiew,* die Anordnung, onkologische Diagnosen und anatomische Mutationen geheimzuhalten, die Verbreitung der Erfolgsmeldung vom »Sieg über die Naturgewalt«, die Zensur, der Zynismus, der Opportunismus, die speziellen Verteilungsstellen nicht verstrahlter Lebensmittel für die Nomenklatura, und verziehen wurde auch nicht, daß Moskau um den Preis Kiews versorgt wurde. All das trat im Dezember '91 aus wie die Strahlung eines gigantischen Reaktors. Das Imperium führte seinen eigenen Untergang herbei, weil es die Ukraine verlor, die es so geringgeschätzt hatte.

So hatte unsere Unabhängigkeit den bitteren Beigeschmack der Apokalypse bekommen. Nur noch neun Jahre bis zum Ende des Milleniums, mithin bis zum Weltuntergang, fast wären wir zu spät gekommen...

---

* Hauptstraße der Stadt

Gebäude der Bank »Ukraine« in Stanislau, 2000

Das Bild meines Landes, eines »jungen Staates«, wie die Machthaber, mit nachsichtiger Beurteilung rechnend, bei uns gern sagen, fügt sich zu einem absolut unattraktiven Komplex. Wenn die Ukraine Aufmerksamkeit erregt, dann stets durch eine Reihe negativer Faktoren. Die Assoziationsreihen funktionieren perfekt. Tschernobyl kann ein zweites Mal explodieren.

Der Komplex Ukraine – das ist das Gefängnis von gestern, über Nacht in einen *basar-woksal*, einen »Bahnhofs-Markt«, transformiert. Das Gesetz des Gefängnisses blieb in Kraft, denn dieses Gesetz ist wesentlich die Gesetzlosigkeit. Was Bedeutung und Bekanntheitsgrad angeht, stellt nach Tschernobyl die ukrainische Mafia den zweiten Faktor dar. Mafia sind nicht nur die Leute, die in Prag auf Ladenbesitzer schießen oder in der Budapester Innenstadt Autos demolieren. Mafia – das sind prinzipiell alle. Korruption als Dauerzustand der sozialen Beziehungen. Prostitution als Normalität. Frauen- und Mädchenhandel als einer der einträglichsten Erwerbszweige. Wirklich hübsche Frauen sind das, nicht vom Feminismus verdorben, die träumen nur von einem Ausländer, wie jemand formulierte, der seine einschlägigen Kenntnisse unter Beweis stellen wollte.

Im übrigen mag ich sie sogar sehr, diese schon lange nicht mehr beleuchteten Straßen und Winkel unserer Stadt, die schrecklichen, vom Alkohol windschiefen Nachtcafés, die engen, verrauchten Buffets in unseren superlangsamen Zügen, diese nur vom Schutzgeld regulierten Märkte und Kramläden, diese Physiognomien, Visagen, Fressen, Schnauzen – von Frauen, Männern und Halbwüchsigen, diese großen nächtlichen Ansammlungen Besoffener, Brunnen der Großherzigkeit, der Liebe und Zuneigung – ja, das sind wir, eine große Familie, die Mafia, Brüder und Schwestern.

Was bleibt mir hinzuzufügen, um den Eindruck zu vervollständigen? Die zerstörten Landschaften, von denen jede einzelne Zeugnis ablegt von tausend und abertausend kleinen

Tschernobyls, Ruinen von Industrieanlagen, einst von Tarkowskij vorausgesehen, Denkmäler der Produktionsidiotie. Überquellende Müllhalden, deren jede einen zusätzlichen Beweis liefert für die Existenz unserer Kultur, der »ältesten Europas«. Die große Verlumpung von allem und jedem – billigste russische Musik, kahlgeschorene Köpfe, Methylalkohol, periodisches Ausbrechen von Cholera und Vergewaltigungen. Überall drehen sich die Gespräche ums Abhauen, die Ausreise, um Griechenland, Argentinien und Italien, Tricks zur Visafälschung, die hoffnungslosen Schlangen vor den westlichen Botschaften.

Konfuzius hätte eine tödliche Diagnose gestellt. Tarantino hätte hier seine besten Filme gedreht.

Das alles ist gut und deutlich sichtbar, all das liegt offen zutage. Gibt es jenseits dessen etwas anderes, bleibt noch etwas? Und was bleibt dem ukrainischen Schriftsteller in einer Zeit, da der Durchschnittsukrainer davon träumt, dieses Land für immer zu verlassen, ein Land, »um das es nicht schade ist«? Soll auch er es verlassen? Die Sprache wechseln? Aufhören zu schreiben?

Anders gesagt, ist Dichtung nach Tschernobyl möglich? Zu Zeiten von Tschernobyl, am Ende der Zeiten?

Da ist er, der Schriftsteller. Seine Leserschaft schrumpft, sie besteht nur noch aus Leuten, die genauso erfolglos sind wie er. Seine Sprache zieht einen engen Kreis um ihn, sie ist nicht mehr Mittel der Verständigung, sondern Festung oder genauer: Schneckenhaus. Seine Zukunft – die letzte Zuflucht des Graphomanen – ist durch nichts gerechtfertigt (er hat nur eine dumme und zynische junge Generation um sich, die Besten hauen ab, migrieren, emigrieren, mimikrieren). Niemand hat ja das Recht, den Leuten zu verbieten, sich einen besseren Ort zu suchen, auch der Schriftsteller nicht.

Was bleibt ihm dann noch?

Ich finde, ihm bleibt gar nicht so wenig: der Wunsch möglichst gut zu schreiben. In einer verlumpenden Gesellschaft, wo nicht Ideen, sondern Instinkte herrschen, bleibt die Rolle des Schriftstellers dieselbe. Sie ist immer dieselbe. Der einzige Unterschied: er muß sich darüber im klaren sein, daß er nicht gehört wird. Das entbindet ihn jedoch nicht von der Verantwortung, gut zu schreiben. Das ist nämlich eine Verantwortung vor sich selbst, aber nicht nur.

Denn ihm bleibt die Hoffnung. Eine Hoffnung, die auch nach Tschernobyl möglich ist.

Deshalb höre ich nicht auf zu hoffen, daß wir alle den nächsten April erleben werden. Der Frühling wird endgültig die Oberhand gewinnen, das Wetter triumphieren, die Bäume werden zu blühen anfangen, das Gras wird grünen, so schön es nur kann, mein Sohn wird vierzehn Jahre alt sein. Schon ist mein neuer Roman in nächster Nähe – zu Hause häufe ich frisches Papier an, Geduld, Zeit, Ironie, Liebe, verwandle mich in einen Hörenden, den Anstoß kann irgend etwas geben oder auch alles auf der Welt, ich weiß es nicht.

Mit einem neuen Jahrhundert ist es wie mit einem neuen Roman. Man muß den Mut haben damit anzufangen.

1999

Kleine intime Städtekunde

I

Wohl jede aktuelle Landkarte bezeugt, daß die Stadt Lwiw nördlich und etwas westlich von der Stadt liegt, in der ich wohne. Mit Kiew verhält es sich andersherum – auch diese Stadt liegt im Norden, jedoch wesentlich weiter östlich. Außerdem hatte der Zweite Weltkrieg zur Folge, daß für Reisende aus Iwano-Frankiwsk beide Städte quasi an einer Bahnlinie liegen. Ursache dafür ist die – ich weiß schon nicht mehr, ob von den Deutschen oder den Russen – zerstörte Eisenbahnbrücke über den Dnister. Deshalb weicht der Personenzug Nr. 203 »Iwano-Frankiwsk – Kiew« hier wider alle Geographie zunächst in nordwestlicher Richtung von seiner Route ab. Nach den ersten drei Stunden Fahrt trifft er am frühen Abend in Lwiw ein. Fast alle steigen aus, noch relativ frisch und unaggressiv. Diejenigen, die schon hinter Iwano-Frankiwsk mit Saufen begonnen haben, füllen ihre Alkoholvorräte auf und kaufen sich was zu essen. Auch die anderen nützen die Pause sinnvoll aus – übergeben etwas oder nehmen etwas entgegen, arrangieren kurze Rendezvous und schöpfen waggonfreie Luft. Noch fast zwölf Stunden bis Kiew – nicht der Rede wert.

Auf dieser Strecke, Iwano-Frankiwsk – Lwiw – Kiew, bin ich seit fast siebzehn Jahren regelmäßig unterwegs. Zweifellos habe ich die Erdkugel auf diese Weise mehrfach umrundet. Aber für mich verläuft diese Linie nicht nur im Raum.

Sie hat auch eine zeitliche Dimension. Lwiw war die erste Stadt der Welt, in die ich einst von zu Hause aufbrach. Es war Anfang Juli, morgens um fünf, als ich am Bahnhof im taufeuchten Gras ungeduldig auf den Zug wartete – nicht auf den Kiewer, sondern auf den Rachiwer, der frisch aus den Bergen kam, was nicht nur der Rauhreif auf den Wagendächern, sondern auch die vielen Zigeuner aus Transkarpatien bezeugten, ausnahmslos *Tamburken*.

Das Bild der Welt fügte sich zu einer vollkommenen Einheit. Der unsäglich langsame, altersschwache Zug aus den Bergen, die Nähe des Zentrums von Europa, das eine magnetische Anziehungskraft ausübt, vor den Fenstern Galizien, das vierstündige Geschaukel des Zugs, das meine fiebrige Aufregung nur noch steigert, und schließlich die Ankunft: Straßenbahnen, Kopfsteinpflaster, die neugotische Elisabethkirche, die imposant-vernachlässigten Gebäude an der Horodeckyj-Straße – all das war Beweis genug, am Ziel zu sein (Europa! Kultur! Freiheit! Wahnsinn!).

Das sollte lange dauern, fünf Jahre und mehr.

Deshalb habe ich manchmal Gründe, meine Jugend eine »Lwiwer Jugend« zu nennen. Ich bin mir bewußt, wie sehr das verpflichtet. Hunderttausende verbringen ihre Zeit an diesem Ort, ohne überhaupt zu merken, daß es erstens ihre Jugend und zweitens eine Lwiwer Jugend ist. Hauptsache, ich komme nie in die Verlegenheit, einem Außenstehenden das Besondere daran klarmachen zu müssen und warum diese Jugend anders ist. Fliedergebüsch kommt mir in den Sinn, eine Flasche verdächtigen Inhalts am Schloßberg, der Blick über alte Dächer und Mauern – und natürlich Musik, »Jethro Tull« zum Beispiel, aber was soll diese Musik hier?

Nicht gerade überzeugend, diese »Lwiwer Jugend«, ich weiß. Aber sie ist jedenfalls *etwas*, verglichen mit einer sog. »Kiewer Jugend«. Denn die ist einfach ein Nachtmahr, der mir eine Zeitlang vor Augen stand, mal lockte, mal schreckte, mir seinen Fusel ins Gesicht blies oder – wie es ein radikalerer *Meister des Wortes* ausdrückte – mich mit dem *geistigen Tod* anhauchte.

Deshalb hat es keinen Sinn, sich länger dabei aufzuhalten.

2

Was aber hat es mit dieser »Lwiwer Jugend« auf sich?

Vor allem hatte sie einen bitteren Beigeschmack. Dieses Gefühl nennt man Enttäuschung. Das sei ein verdammt gutes Gefühl, wahnsinnig nützlich und zutiefst produktiv, behaupten mir persönlich bekannte Autoren von »Bildungsromanen«. Die Enttäuschung entsteht an jener unsichtbaren Grenze, wo es zur Berührung des Imaginären mit dem Realen kommt. Und weil diese Grenze tatsächlich unsichtbar ist, kann sich die Enttäuschung manchmal unmerklich in Begeisterung verwandeln und umgekehrt.

Die imaginäre Stadt Lwiw lag auf malerischen grünen Hügeln, sie hatte vollkommen die Architektur und Anlage einer vermutlich mittelalterlichen Stadt bewahrt. Aus den offenen Fenstern schallte non stop Cembalomusik oder zumindest Emerson, Lake & Palmer, und Mädchen mit langen Haaren und Kränzen auf den Köpfen erwarteten mich im Gras bei den Brunnen. In meinem imaginären Lwiw wurde nur ukrainisch gesprochen, mit Ausnahme einiger alter Hexen und Zauberinnen, die noch mit Latein und Griechisch laborierten. Jeder dort konnte die Gedichte von Antonytsch auswendig, und fahrende Sänger gaben allabendlich Konzerte unter freiem Himmel. Unter der Stadt befand sich ein verzweigtes System von Gängen und Räumen, dort lagerten unerschöpfliche Vorräte an Wein, Gold, Tuchen und alten Drucken. Überhaupt war es die Stadt eines unendlichen Geheimnisses, und nach diesem Geheimnis rochen Frauen, Pflanzen, Regenschauer. Ich wußte, daß der Lemberger Fluß unter der Erde begraben ist, daß es dort Aale aus dem Atlantik gab, denn die Stadt lag ja praktisch in der atlantischen Weltzone, höchstwahrscheinlich sogar an einem Meeresufer.

Das reale Lwiw bestand zu fast neunzig Prozent aus grauenhaften Vorstädten und Neubauten. Eine Zusammenballung von Industriegebieten, ein Chaos von Fabrikanlagen und Bahngeleisen, eintönige Wohnblocks aus den siebziger und achtziger Jahren, Eisenbeton, Plattenbauten, Gestank und Zähneknirschen. Ein fatales Unvermögen der Stadtverwaltung, die Wasserversorgung, Kanalisation und den öffentlichen Verkehr zu organisieren. Wenn aus offenen Fenstern etwas wie Musik drang, dann sowjetische Disco, wie es überhaupt des Russischen etwas zuviel gab. Aber noch schlimmer war, daß die Träger des Ukrainischen fast ausnahmslos dumpfe und passive Bauerntrottel waren. Die Universitätsstudenten glichen im Aussehen, in ihren Umgangsformen und im Lebensstil eher den leicht debilen Zöglingen einer technischen Fachschule. Die sog. nationale Intelligenz hingegen legte eine wundersame Untertänigkeit und Servilität an den Tag, sie sublimierte ihr Ukrainertum mit wohlgenährten Physiognomien und bestickten Hemden. Das alles bildete die übelste mir bekannte Spielart des *sowok* – den *sowoUkr.*

So blieb mir nichts als der Glaube an ein paralleles, geheimes Lwiw. Von Zeit zu Zeit gab mir diese Stadt ein Zeichen zum Beweis ihrer Existenz. Mal war es der Schatten einer nicht aus dem hier und heute, sondern aus einem entrückten kaiserlich-königlichen Vogelreich stammenden, in den schmutzigen, stinkenden Höfen der Altstadt auftauchenden Gestalt. Mal die Nachricht vom nächsten politischen Prozeß, einer linken, nicht offiziellen Ausstellung, von der Rock-Oper »Stepan Bandera« oder einer Hippie-Versammlung im Heiligen Garten. Mal das Auftauchen eines ganz konkreten Dem am Horizont, Waleri Demjanyschyns. Ein Film von Tarkowskij, ein Spaziergang über den Lytschakiw-Friedhof, ein mitternächtlicher Lauf den stockfinsteren Schloßberg hinab – das alles konnte man zugunsten eines anderen Lwiw anführen. Zu Zeiten meiner schwersten Adoleszenzkrisen genügte es schon, mitten in der Nacht über den Ringplatz zu gehen, mit einer halbvollen Wodkaflasche oder zur Not auch ohne.

Interessant ist, daß ich genau mit dem Ende meine Lwiwer Jugend in jenen innersten Bezirk des geheimen Lwiw geriet, in seine von Wein, schlaflosen Nächten, Liebe und Feuchtigkeit durchdrungene Atmosphäre. Ich konnte mich davon überzeugen, daß alle meine Vermutungen berechtigt gewesen waren. Wenn auch die »Wujky« nicht mehr spielten, Kalynez nichts mehr schrieb und Tschubaj nicht mehr am Leben war, so empfand ich dennoch eine selbstverständliche Zugehörigkeit zu den dortigen Mysterien.

Ich mußte damals in meine Heimatstadt zurück, aus allen meinen Notizbüchern versuchte ich diese Niederlage meines Lebens zu tilgen und bereitete mich so gut wie möglich auf die maximale Konfrontation mit der Sinnlosigkeit dessen vor, was noch kommen würde.

Schlecht, daß fast nichts von meinen Vorstellungen in Erfüllung ging. Gut, daß alles sich von selbst fügte.

3

Gut, daß ich nicht in Kiew lebe. Gut, daß es nur ein Schreckgespenst meiner Jugend war. Deshalb kenne ich diese Stadt nicht. Vielleicht habe ich nur bestimmte Vorstellungen von ihr. Für mich beginnt diese Stadt morgens um halb sieben, wenn ich aus dem Zug steige und vor und hinter mir die nichts Gutes verheißenden Angebote der Taxifahrer höre: »Muschtschina, taksi ne dorago!«*

Kiews Besonderheit Nummer eins besteht für viele meiner Bekannten darin, daß es keine ukrainische Stadt ist. Das liegt vor allem an der sprachlichen Situation, die sich seit 1991 oder schon seit 1990 noch immer im Zustand eines permanenten Pendelausschlags in beide Richtungen, mal russisch, mal ukrainisch, befindet. Aber nicht nur daran.

---

* Russian pidgin: Hej, billiges Taxi!

Kiew liegt insgesamt im Einflußgebiet gewisser »nicht ukrainischer« Strömungen mentaler und psychologischer Art. Der ständige Zuzug von absoluten Erzukrainern aus den näher oder ferner gelegenen Kleinstädten und Dörfern vermag Kiew nicht zu verändern, im Gegenteil – Kiew verändert das Erzukrainische. Am spürbarsten kommt das in der völligen Mechanisierung des städtischen Lebens zum Ausdruck. Im Unterschied zu allen anderen europäischen Hauptstädten hat Kiew kein »Fest fürs Leben«, ungeachtet aller möglichen Volksfeste, an denen es dem Leben der Stadt nicht mangelt. Gigantische Ströme entpersonalisierter Menschenmassen, gegenseitiges Mißtrauen, Isoliertheit, Kampfbereitschaft, Aggression, fehlende Improvisationsgabe, keine Freuden des Geistes, keine Verspieltheit im gegenseitigen Umgang – all das zeugt davon, daß die Einwohnerschaft von Kiew eine so riesige wie chaotische Ansammlung fremder und einander unnützer Menschen darstellt. Nein, in Kiew ist absolut nichts von jener unerträglichen Leichtigkeit des Seins zu spüren, die man aus Paris, Prag, Belgrad, sogar aus New York kennt. Das Dasein ist schwer, das Leben leer, wenn ich mir einen simplen Reim erlauben darf. Nur Fußball bietet ein Ventil für die tief verborgenen Gefühle, die von Zeit zu Zeit abgelassen werden können, aber dieser Faktor ist so marginal und unbeständig, daß er real nichts ändert.

Mein Freund Jurko Pozajak würde mir vermutlich widersprechen. Er kennt ein anderes Kiew, exotische Enklaven, eine inwendige, verborgene Kleinstadtwelt mit ihren eigenen Rhythmen und Gesetzen, ihrer Selbstverwaltung und Sprache, allem voran den Jüdischen Markt.* Ich glaube nicht so sehr ihm, als daran, daß man ihm glauben sollte. Sonst könnte es keiner von uns aushalten allein mit diesem Moloch, allein in diesem Mülloch.

---

* Orig. *Jewbas* (*Jewrejskij Basar*) – Name eines Viertels in der Kiewer Altstadt

Kiew – das ist für mich ein Archipel, *eine Handvoll Menschen*, die dort wohnen, in Redaktionen, Studios, Wohnungen und Cafés versprengt, Leute, die sich, von anderen unbemerkt, schon seit Jahren oder Jahrzehnten der Kiewer Mechanisiertheit entgegenstellen und dabei lebendige Wesen bleiben. Zwischen ihnen liegen enorme, nur per Metro zu bewältigende Distanzen. Von einem Unterschlupf zum nächsten führen meine Routen durch eine Stadt, die in Wirklichkeit aus lauter Mini-Festungen besteht. Ins Freie zu gehen, bleibt eine äußerst widerwärtige und gefährliche Angelegenheit, die man sich nur erlaubt, um die Alkoholvorräte aufzufüllen. Ringsum streifen Monster umher und knurren irgendwas Undeutliches in ihrer Halbsprache.

Von allen Rollen liegt mir die des Erzählers am meisten. Das aber heißt, daß die Sprache, die Sprache selbst, keineswegs die Schrift, sondern die mündliche Rede mir viel bedeutet. Nicht weniger wichtig ist mir, anderen zuzuhören: wie jemand spricht auf dieser Welt und was er uns alles weismachen will. Auf meinen jahrelangen abendlich-nächtlichen Odysseen durch Kneipen und Spelunken höre ich allen zu – Säufern, vom Leben gezeichnet, abgewrackten Sportlern und *biznesmeny*, Künstlern und Künstlerinnen, lustigen Banditen, sentimentalen Huren, Hundesöhnen und Katzentöchtern, all den Leuten, die oft fälschlich das Volk genannt werden. Ich, Patriarch der Gruppe Bu-Ba-Bu, könnte gar nicht ohne sie. Das ist völlig normal, so war es immer schon, in Iwano-Frankiwsk, in Lwiw, in Krakau, Prag oder Berlin.

Aber in Kiew ist das fast unmöglich: Meine Freunde und Schutzengel halten jede zufällige Annäherung von mir fern – hinter diesem Kontakt, jenem Sich-Herauswagen lauert Gefahr, ein irres Risiko, das mindestens mit einem eingeschlagenen Schädel endet (ich sehe schon das Kiewer Straßenpflaster, meine fehlenden Zähne). Um uns wogt ein Ozean des Grauens, sagen meine Freunde.

Deshalb verkehren die Schriftsteller in Kiew nur mit

Schriftstellern. Oder *sie reden mit Gott*, wie sie meinen. Was aber bleibt?

4

Gut, daß ich nicht in Lwiw lebe. In den Jahren meiner Abwesenheit wurde das Problem mit der Wasserversorgung, wie es scheint, immer noch nicht gelöst. Wenngleich das Leben hier insgesamt bequemer geworden ist in der letzten Zeit. Sogar unter unseren, jeglicher Privatinitiative chronisch abträglichen Verhältnissen waren es solche Initiativen, die im Alltag und im Stadtbild einiges verändert haben. Aber gut, daß ich nicht in Lwiw lebe, denn mir geht es nicht in erster Linie um Bequemlichkeit.

Anfang der neunziger Jahre hielt sich das Gerücht, daß Lwiw herunterkomme. Dazu trug auch der äußere Anblick der Stadtruine bei: der Zustand der Straßen und Gebäude, herabbrechende Balkone, hängende Dachrinnen und bröckelnde Stukkaturen, Finsternis und Kälte, Hinterhöfe voller Kot und Müll. Lwiw war buchstäblich am Verrecken, es verwandelte sich in einen großen Bahnhof, eine Art Zwischenstation für die Scharen von GUS-Bewohnern in Kaninchenfellmützen und Trainingsanzügen, die sich hinter der ukrainischen Grenze in den Westen ergießen.

Zu dieser Zeit verließ (und verläßt noch bis heute) eine beträchtliche Zahl von »Menschen aus dem Zug Nr. 92« die Stadt. Es handelt sich um eine Kategorie von Leuten, die halb in Kiew, halb in Lwiw zu Hause sind. So traf die Mehrzahl der Passagiere des Zuges Nr. 92 ihre Entscheidung, die zumindest vorläufig zugunsten Kiews ausfiel. Man konnte buchstäblich zuschauen, wie Lwiw seine Jugend verlor, dynamische, talentierte, kluge junge Leute. Sie selbst gaben der *hinterwäldlerischen Stadtverwaltung* die Schuld, wenngleich der verständliche und nicht zu übersehende Grund für diese

Migration merkantiler Art war. In Kiew konnte man mit bedeutend höheren Gehältern und steileren Karrieren rechnen (jemand mit Hochschulbildung und perfekten Kenntnissen der Staatssprache konnte abends noch ein vielversprechender Journalist sein, um am nächsten Morgen im Rang eines Vizeministers oder Staatssekretärs aufzuwachen, was im Grunde dasselbe ist). Manch einer versuchte seine Übersiedlung vorsichtig damit zu begründen, daß man heute »Kiew irgendwie ukrainisieren« müsse, aber über solche Leute wurde nur gelacht und sicher zu Recht.

Es entstand eine Art Circulus vitiosus: Lwiw verkommt, weil die besten Leute weggehen, die besten Leute gehen weg, weil Lwiw verkommt.

In Wirklichkeit verkommt Lwiw überhaupt nicht, das haben die nächsten Jahre bewiesen. Die Stadt macht allerdings auch keinerlei Fortschritte, das stimmt. Lwiw ist nämlich von Natur aus konservativ, das ist ja die Crux. In Lwiw bleibt die Zahl von Groß- und Kleinbürgern, Banditen, Irren, Bohemiens, Patrioten, Russen, Tussen, Prussen – von allen Kategorien der Bevölkerung – immer gleich. Auf diese Weise bleiben die Proportionen annähernd erhalten. Das wiederum erlaubt es der Stadt, immer sie selbst zu bleiben, sogar heute, im zeitweilig defekten Zustand.

5

»In Lwiw sagt man, der Dichter K. sei stinksauer auf dich« – ein gewisser Kollege und Exeget überbrachte mir mal wieder eine schlimme Nachricht. »In Lwiw sagt man viel«, antwortete ich.

In Lwiw sagt man, die Tochter von Doktor Z. sei zur Entbindung nach Amerika gefahren, der Zahnarzt S. hole den Toten die Goldkronen aus dem Mund, E. schlafe mit B. und C. mit P., R. bevorzuge junge Burschen, auf der Vernissage von X. habe es Sandwiches mit Mottenkugeln gegeben, N. sei in letzter Zeit verdammt kahl geworden, K. letzte Woche nicht in der Kirche gewesen, A. habe eine Wohnung gekauft, B. trage einen Riesenschnauz, und C. sei Jüdin.

Um die Bedeutung des *Faktors »sagt man«* für Lwiw zu verstehen, multipliziere man seinen Effekt mit der politischen und existentiellen Unfreiheit aller früheren Epochen, besonders der letzten: mit der Atmosphäre der Denunziation, fabrizierten Anschuldigungen, Seelenfängerei. Ja, in Lwiw hat man zuerst davon geredet, daß I. bereut, K. jemanden verraten hat und J. Ch. gekreuzigt worden ist.

Dank dessen hat die Stadt überlebt und konnte sich in den schwersten Zeiten halten. Gerüchte und Klatsch sind auch eine Art gegenseitiger Unterstützung. Denn die echten Einwohner von Lwiw sind eine große Familie, la familia, eine Mafia, wo jeder jeden unterstützt mit Tratsch, Neugier, Eifersucht, an Liebe grenzenden Haß, zudringlicher Aufmerksamkeit. Es ist quicklebendig, dieses Lwiw, nicht umsonst gehört es zur Familie der Katzentiere.

Lwiw beobachtet dich, blickt in dich hinein wie der bekannte Nietzscheanische Abgrund. Vor ihm kannst du nichts verbergen – er ist ein Wunderdetektor, fast ein Detektiv, dem nichts entgeht, und sei es noch so tief verborgen, weder der Volksverrat noch ein banaler Seitensprung, noch der kleinste faule Trick beim Bridge. Wichtig aber ist eins: Lwiw verzeiht alles. Denn in einer großen Familie kommt alles vor. Deshalb ist das in Wirklichkeit gar kein Abgrund, sondern eine öffentliche Grube, ein gemeinsames Jammertal, ein historisches Purgatorium, das von Ausdünstungen menschlicher Wärme überquillt.

Und was ist in Kiew?

Gleichgültigkeit? Niemand will den anderen kennen? Ein internes Hin und Her kleiner Cliquen innerhalb ihrer Mini-Festungen?

6

Ich mag Kiew nicht, habe ich vor mehr als zwei Jahren geschrieben. Damals hatte ich dafür persönliche Gründe – diese Stadt hatte auf brutale Weise meinen Freund umgebracht. Strenggenommen hätte diese Geschichte auch woanders passieren können, in irgendeiner anderen Stadt, einem anderen Land, vermutlich sogar auf einem anderen Stern. Zugleich aber war das so typisch Kiew, dieser Mord, dieser Wahnwitz, dieser Tod wegen nichts!

Ja, wegen nichts. In Kiew spürst du es immer, dieses Nichts – es liegt auf der Lauer, späht in den Strömen von Menschen diejenigen aus, die anders sind, es beobachtet ihre Gesten, lauscht ihrer Sprache, erfaßt innere Regungen und die winzigsten Stimmungsschwankungen. Dabei geht es gar nicht unbedingt darum, sie zu vernichten, sondern vor allem (soweit mir gegeben ist, diese Dinge zu verstehen) darum, sie unschädlich zu machen, zu neutralisieren oder zumindest einzuschüchtern. Es setzt sie auf die Liste und läßt sie nicht mehr aus den Augen, bis zu ihrem letzten Atemzug. Wenn von Abgrund die Rede war – das ist er.

Kaum daß ich morgens in Kiew angekommen war, warteten überall Dinge, die erledigt werden mußten, lauerten Termine, gegen acht begann ich schon zu rennen, um wenigstens die Hälfte der lästigen Verpflichtungen zu schaffen. Etwa gegen neun erreichte mich die schreckliche Nachricht, und danach folgte ich nur noch dem Trägheitsgesetz, denn nach der großen und einzigen Abrechnung, nach einer solcher Nachricht hatte die ganze alltägliche Strampelei ihren Sinn verloren.

Dennoch versuchte ich weiter, die ungeheuren Entfernungen in Kiew zu bewältigen, vielleicht war es das Bedürfnis nach Selbstschutz, die Illusion, fliehen zu können. Wie auch immer, ich tauchte an den verschiedensten, meist weit voneinander entfernten Orten aus den Metroschächten wieder auf, und überall der gleiche Anblick: auf offener Straße wurde Fleisch verkauft. Es mußte irgendein Tag des Fleisches in ganz Kiew sein – an den Metrostationen, auf improvisierten Märkten, auf Treppen, Grünflächen und in den Hinterhöfen wurde Fleisch verkauft, auf Tischen, die mit Weißblech beschlagen waren und rollenden Bahren glichen, man zerteilte Viehhälften, zerhackte Knochen, darüber schwebte Pappelflaum, und Wespen und Fliegen schwirrten, es war Juni, die Luft feucht und drückend, der tödliche Kiewer Staub hing in der Luft und setzte sich ab auf Verkaufsständen, Tierkadavern, den Gesichtern der Käufer und Verkäufer, doch niemand ließ sich in seiner üblichen Geschäftigkeit stören – man zerteilte und wog ab, beschnupperte und taxierte.

Ich denke, das war Humor.

Auf diese Weise trieb das Nichts seine Späße. Das war eine Art Film anläßlich des Todes meines Freundes. Das Nichts hatte sein Ziel erreicht, als mir ungefähr eine Woche später wie von selbst der Satz aufs Papier rutschte: »Ich mag Kiew nicht.«

7

Trotzdem muß ich hinfahren – ich komme nicht drum herum, sie ist, wie gesagt, ein wichtiger Teil meines Lebens, die Bahnstrecke von Frankiwsk nach Kiew mit obligatorischem Halt in Lwiw.

Diesmal war es fast wie immer, wenn auch schon merklich kühler, draußen auf dem Bahnsteig in Lwiw, weshalb ich meine Zigarette in Gesellschaft einiger Landsleute aus dem Nachbarwaggon, die ich kaum kannte, nicht zu Ende rauchen konnte. Im Zug legte ich mich sofort hin, denn um fünf Uhr morgens wurde man geweckt; bevor der Zug in Kiew einlief, mußten wir den Waggon saubermachen. Die Schaffnerin ließ mich nicht lang schlafen, ihr gräßliches »Muschtschina, padjom«* dröhnte mir in den Ohren. Das Zifferblatt meiner Uhr leuchtete im Dunkeln. Viertel vor fünf. Ich biß die Zähne zusammen, verfluchte die schlechteste aller Welten und kroch unter meinem Mantel hervor. Am schwierigsten war es, den *tambur* von den zahllosen Kippen zu säubern, die an dem rutschigen, von Blutspuren markierten Boden festgefroren waren. Ich erinnerte mich, daß gegen eins der Lärm einer Schlägerei zu hören gewesen war. Scheiße, dachte ich. Für die Klomuschel verbrauchte ich fast fünf Kübel eisiges Wasser. Dabei störten mich andere Reisende, Frauen in flauschigen Kopftüchern und polternde Veteranen mit Orden an den Rockaufschlägen. Den Gang zur Toilette wischte ich in panischer Hast, während der Zug bereits in Kiew-Hauptbahnhof einfuhr.

In Kiew war es stockfinster, aber ich spürte instinktiv, wohin ich gehen mußte, um ins Bahnhofsgebäude zu kommen. Taxifahrer verstellten mir den Weg, hielten mich am Ellenbogen oder am Mantel fest, leuchteten mir mit brennenden Streichhölzern ins Gesicht. Das brauchten gar keine Taxifahrer zu sein. Nachdem ich mich durchgekämpft hatte, landete ich im Wartesaal, wo dermaßen viele stinkende Obdachlose, Krüppel, Zigeunerkinder und Verrückte herumsaßen, daß ich schon an der Schwelle gezwungen war, kehrtzumachen, außerdem entdeckte ich einen banditenähnlichen Polizisten, der sich eindeutig in meine Richtung bewegte.

Ich hatte einen anstrengenden Tag vor mir: einen Live-Auftritt im Fernsehen, eine Sitzung in der Verlagskommission, für die ich die wichtigsten Unterlagen noch nicht durchgesehen hatte, ein entscheidendes Gespräch mit dem Attaché der Niederländischen Botschaft auf deutsch oder englisch, das Koordinationskomitee mit seinen internen Intrigen, meine Lesung am Abend im »Haus des Lehrers« und

---

* Russian pidgin, Kommandoton: Aufstehen!

alles, was sich daran anschloß. Ich mußte mich einigermaßen in Ordnung bringen nach dem verdammten Zug. Das ging nur in einer öffentlichen Toilette, das große leuchtende M, zu dem ich hinstürzte, entpuppte sich aber als Eingang zur Metro. Die Schlange am Schalter kam so langsam voran, daß ich Zeuge wurde, wie schwangere Frauen umkippten, Taschendiebe ans Werk gingen (mindestens zehn, einer zeigte mir wie auf Abmachung ein Messer, als sich unsere Blicke zufällig trafen), und die erboste Kassiererin durch ihr Fensterchen einem besonders aufdringlichen Klienten den Bleistift ins Auge bohrte. Der griff sich an den Kopf, und das Auge rann zwischen seinen Fingern aus. Er kam mir bekannt vor. Wahrscheinlich waren wir im selben Zug gekommen.

Auf der Rolltreppe sah ich, daß ich es zu eilig gehabt hatte. Zu dieser frühen Morgenstunde (es war Viertel vor sieben) führt die Militärpolizei in der Kiewer Metro strenge Kontrollen durch. Unten standen auch ein paar üble Typen in Uniform, die schon ein paar Unglücksraben festgenommen und abgeführt hatten. Fieberhaft versuchte ich mich zu erinnern, wann ich den aktiven Militärdienst absolviert hatte, um ihnen zumindest etwas sagen zu können, wenngleich das nach all den Geschichten, die sie sich schon angehört hatten, nicht viel helfen würde. Es gab nur einen Ausweg – die Rolltreppe gegen die Fahrtrichtung hinauf zu laufen. Ich hatte das mal im Film gesehen, es müßte zu schaffen sein.

Aber etwas anderes war nicht zu schaffen: sich durch dieses Dunkel, diese Menschen, ihre Körper, Kleidung, Krükken, Locken, Socken, gespreizten Hände, aufgerissenen Münder, Säcke voll klebrigen Fleisches, durch die feste kalte Luft hindurch zu arbeiten. In diesem Augenblick beschloß ich, nie wieder nach Kiew zu fahren, und spürte zugleich voller Entsetzen, daß es für ein Versprechen wie dieses zu spät war.

»Werte Reisende, bitte aufstehen, in einer Stunde kommen wir in Kiew an«, sagte die Schaffnerin in nicht besonders boshaftem Ton. Ich kehrte in meinen Körper zurück wie in mein eigenes Abteil. Es war schon hell, die Uhr zeigte halb sechs.

Das Tollste kommt, wenn die Alpträume zu Ende sind. Du, Kiew, kannst ein Lied davon singen.

Malbork und die Kreuzritter

I

Die Stadt Malbork liegt in einer jener Niederungen der Welt, die auf Landkarten dunkelgrün eingezeichnet sind – eine kartographische Konvention, wonach dunkelgrün mit Feuchtigkeit, Sümpfen, Regen und Myriaden von Insekten im Sommer assoziiert werden soll. Den baltisch-preußischen Landschaften sind Extreme extrem fremd: Neben den eher langweiligen Ebenen zeichnen sie sich durch eine Unzahl wahllos verstreuter Seen aus. Betrachtet man diese Landschaft auf der Karte, steigt automatisch die Erinnerung an die Splitter des zerbrochenen Spiegels im Märchen von der Schneekönigin auf. Und tatsächlich handelt es sich bei dieser Seenschwemme um die Reste eines bis heute abschmelzenden Gletschers. Das mit allem möglichen Unrat überlastete Wortgedächtnis suggeriert uns hier *Moränen*, aber da bleiben wir auch schon stecken, beschränkt auf die Dürftigkeit unseres oberflächlichen Wissens über Geologie und andere *Erdwissenschaften* (als ob uns die *Himmelswissenschaften* zugänglicher wären).

Wir – das sind vier Leute, unterwegs in einem kürzlich erworbenen postsowjetischen »Niwa«, der an einem Sonntagmorgen die Strecke zwischen Toruń und Gdańsk nicht ohne Mühe bewältigt. Wir sind je ein Paar, eine Art Quartett auf literarischer Tournee. Unsere Reise hat alle Chancen, nicht vergeblich zu sein. Wir fahren immer weiter nach Norden, in Richtung Ostseeküste und Danziger Bucht, und es sind nur noch ein paar Stunden bis zum nächsten Halt in Malbork, beziehungsweise Marienburg.

Als die Burg vor uns auftaucht, diese Brontosaurieranlage aus Ziegelrot und Grün, diese hypertrophierte Innenstadt des heute so provinziellen, uninteressanten Malbork, sind wir fast glücklich. Aus mehreren Gründen, 1. jede Menge Bier, Wein und Muße am Fuße der Burg; 2. die Aussicht darauf, etwas Einheitliches und Echtes (sei es auch mit Museumscharakter) vorzufinden; 3. die weitere Aussicht auf die Fortsetzung der Reise, auf hanseatische Landschaften und schließlich den bernsteinernen Langen Markt, mit anderen Worten: wir wissen, je weiter wir kommen, desto schöner wird es. 4. die Tatsache, daß wir heute den 14. Mai des Jahres 2000 haben.

Am 14. Mai 2000 kurz nach 14 Uhr überschritten wir die Grenze des Unteren Schlosses oder Vorburg in der Marienburg und gingen an Verkaufsständen, kleinen Cafés, einer Post und einem Fremdenverkehrsbüro vorbei auf das Mittlere und Hohe Schloß zu, in dessen Toren wir schon Burschen aus dem Ort in weißen, mit schwarzen Kreuzen verzierten Mänteln erkennen konnten. Sie teilten etwas aus – vielleicht einen Aufruf oder eine Deklaration, vielleicht auch eine Proklamation, wahrscheinlich aber Reklamezettel für ein Konzert. Wir werden nicht mehr in Erfahrung bringen, was den Gästen des Schlosses an diesem Abend geboten wurde: Gregorianischer Choral, Orgelmusik, Free Jazz, meditativer TripHop. Wir kamen nämlich gar nicht bis zum Tor und auch nicht ins Schloß hinein.

Ich weiß bis heute nicht, was mich ausgerechnet in diesem Augenblick dazu trieb, zu Hause anzurufen. Reicht schon der Anblick einer Telefonzelle aus, damit mich unbezwingbares Heimweh überfällt? Oder war es wieder meine allgegenwärtige Paranoia, die mich mit detaillierten Zwangsvorstellungen von allen möglichen Katastrophen und Unglücksfällen quält?

2

Wenige Stunden zuvor, am späten Abend des 13. Mai 2000, wurde in Iwano-Frankiwsk, im Plattenbau Nr. 50 zwischen Iwasjuk- und Parkowastraße, ebenfalls eine Grenze überschritten. Die Haustür gab einem gezielten Fußtritt nach, wenn nicht gleich beim ersten, dann beim zweiten Mal. In so einem Moment hören Übelwollende auf, Übelwollende zu sein und werden zu Übeltätern. Sie selbst bemerken diese juristische Metamorphose gar nicht.

Das Viertel, in dem wir wohnen, ist etwas wie eine bösartige Geschwulst am Leib der Stadt, typisch für die spätsowjetische Stadtplanung und wahrscheinlich von zynischen Architekten noch nach dem Gesetz der sozialistischen Trägheit als *Città del Sole* konzipiert. Dort wohnen junge Leute, die niemand braucht, es herrscht chronische Arbeitslosigkeit, und es gibt eine Reihe von rund um die Uhr geöffneten Läden, wo man Schnaps und Drogen kaufen kann. (Letzteres habe ich, ehrlich gesagt, lange Zeit als echten Vorzug betrachtet.) Die hiesige Miliz hat neben der tagtäglichen Gewalt vor allem mit Wohnungseinbrüchen und Autodiebstählen zu tun. Im Durchschnitt klärt sie weniger als eines von zehn Verbrechen auf, die Statistik erlaubt eine Abrundung der Stellen nach dem Komma; sie ist de facto machtlos, aber keineswegs unzufrieden mit diesem Zustand, und reagiert kaum noch. Die Einbrecher toben sich in den umliegenden Höfen und Gebäuden aus, treten Türen ein, brechen Schlösser auf, stellen am hellichten Tag Wohnungen auf den Kopf, schleppen Diebesgut in Bettlaken und Säcken durch die Dachböden hinaus, fliehen über die Dächer wie fliegende Holländer und verschwinden im Unfaßbaren, Unbekannten. Aber warum »unfaßbar«, warum »unbekannt«?

Sie kommen in unser Haus, nicht allein oder zu zweit, sondern zu dritt, gut möglich, daß ein Vierter im Treppenhaus steht, um vom Fenster aus Hof und Eingang zu kontrollieren. Ja, es muß auf jeden Fall jemand *Schmiere gestanden* haben, weil sie mittendrin abgehauen sind, genauer, *Leine gezogen* und die schon eingerollten Bilder und einige Bündel zurückgelassen haben, d. h., jemand hat tatsächlich *Schmiere gestanden*. Wobei ich einen Anruf von einem weiter entfernten Beobachtungspunkt nicht ausschließen will, aber das ist nun schon meine Zugabe, daß ich vier universale Sujets um unwesentliche Details ergänze. Das (Sujet?) der *befestigten Stadt, die von Helden gestürmt und verteidigt wird*. Oder nein – der *Nachforschungen, die notwendigerweise zum Scheitern verurteilt sind*.

Jetzt wieder zurück zu den dreien, unter ihnen mit Sicherheit eine Frau, ein Mädel, eine Djewotschka, eine Tussi, halb Kind, halb Frau. Frauen sind unverzichtbar bei solchen Operationen, denn sie gehen viel aufmerksamer an die Dinge heran, sie verstehen sich ohnehin darauf, die kleinen Zeichen des Alltags zu lesen wie die Seiten im Buch des Seins und können deshalb intuitiv und blitzschnell folgern, wo der Schatz versteckt sein muß. Der Schatz erweist sich zumeist als ansehnliches Bündel Dollarnoten oder anderer *bleibender Werte*, die die Hausfrau in einem Briefumschlag zwischen den Tischtüchern versteckt hat.

Außerdem braucht man die Tussi, um die *Nebenprodukte* einzusammeln: Parfums, Shampoos, Cremes, Schmuck, Kleinigkeiten aus Holz, Silber, Elfenbein, Flußkieselsteinen – dieser ganze Plunder, der sich im Laufe der Jahre mit Geburts- und Namenstagen und spontanen Einladungen und Feten ansammelt, in all diesem Zeug die Marke vom *fake* zu unterscheiden, dazu ist nur sie in der Lage, sie allein. (Ich greife vor – und nicht ohne Schadenfreude. Ihre Mißgriffe auf diesem Gebiet waren wie aus dem Bilderbuch, ihre Wahl fiel auf alles, was nur irgendwie glänzte, es handelte sich also um ein Luder mit ständig aufgeschürften Knien und zerkratzten Waden, mit abgebissenen Nägeln, zerstochenen Venen und blauen, sich langsam ins Gelbe verfärbenden Flecken auf den

Oberschenkeln.) Ergänzung: der etwas zu große Büstenhalter der Mama. Die Mama ging in Italien hoch, der alte Bock war in Rußland untergetaucht.

Außerdem wird sie gebraucht, damit ein Dreieck entsteht. Sie weiß, daß die beiden anderen – wie soll man sagen? – in sie verliebt sind und sich gegenseitig ausstechen wollen. Mit anderen Worten, Rivalität, Liebe und Verrat – ein Roman. Sie wird noch sagen, wer und wer mehr. Beide sind klein und kurzgeschoren, tragen fast die gleichen Trainingsanzüge, nur hat er bei dem einen noch die Originalfarben: grün auf schwarz. Oder violett auf grau. Sie weiß noch nicht, welcher von beiden ihr mehr gefällt.

Beide wollen zehn Jahre älter aussehen, als sie sind. Beide behaupten, sie seien von der *Brigade*. Daß sie die erste Wohnung vor ungefähr einem Jahr ausgeräumt haben. Daß das jetzt ein Jubiläum ist – die zehnte, fünfundzwanzigste, fünfzigste, hundertste Bude. Beide verrät das Schlottern der Knie, das Zittern der Hände und der Stimme. Im ersten Moment wissen sie auch nicht, was tun – sie rennen von einem Zimmer ins nächste, stürzen sich auf die Möbel und aufeinander, öffnen Schränke, reißen Schubladen heraus, machen Licht an, machen es wieder aus, blenden mit Taschenlampen, machen das Licht wieder an. Den Hund, der im Badezimmer immer lauter bellt, müßte man eigentlich abmurksen, aber das bringt keiner von ihnen übers Herz, was letztlich davon zeugt, daß sie noch nicht ganz verloren sind, sie scheuchen ihn ins Treppenhaus. Das beruhigt ein wenig, sie haben noch drei, vier Stunden vor sich, und *was dann?*

Am nächsten Tag werden wir alles erfahren, und von da an werden sie uns beherrschen, wir werden an sie denken, von ihnen sprechen, sie uns vorstellen, wir werden sie langsam umbringen und uns den Mord in eigenen Farben ausmalen und ihn planen. Wir werden sie *sie* nennen und uns nie mehr von *ihnen* trennen.

3

Sie hatten die Idee, die ganze Welt zu christianisieren. Immer weiter rückten sie in den Nordosten vor und verleibten dem Ordensland immer größere Landstriche ein. Es galt, einen Weg zum Meer zu bahnen, zu den Bernsteinufern und den weißen Windmühlen am Horizont. Der Zugang zum Meer ist die historische Aufgabe einer jeden Staatsmacht. Schafft man ihn sich nicht rechtzeitig, teilen die Gewitzteren die Ufer unter sich auf, und es bleibt einem nur noch der Witz vom Marineministerium.*

Es galt, die hier ansässigen Barbaren zum wahren Glauben zu bekehren, ihre verrotteten Siedlungen samt den von Schmutz starrenden Abgöttern niederzubrennen, die Barbaren dann Stamm um Stamm bis zum Hals in die schilfbewachsenen Gletscherseen zu treiben, um sie dort, mit spitzen Lanzen auf Distanz gehalten, stundenlang im Wasser stehen zu lassen, damit sie verdammt noch mal Vernunft annehmen. Es galt, das zivilisatorisch-desinfizierende Kreuz beziehungsweise das Schwert mit Würde zu tragen, die Rüstung und drückende Lasten zu schleppen, eine ambulante Orgel und einen Altar durch knirschenden Sand auf Rädern hinter sich herzuziehen, während der Kriegszüge wochenlang ohne Schlaf auszukommen, Gräben auszuheben und Dämme aufzuschütten, zu fasten, zu beten, die Mücken mit seinem erhabenen Blut zu nähren und konzentriert zu meditieren – doch alles war vergeblich, und es gab keine Macht auf Erden, die diesen verstockten Tölpeln Latein oder wenigstens Medizin oder Hygiene hätte beibringen können. (Komisch, aber Ende Juni war ich wieder in Malbork, diesmal in Begleitung von Hunderten seltsamster Autoren – ich kann kaum der Versuchung widerstehen, »seltsamste Vögel« zu schreiben –, und

---

* »Wieso hat die Tschechoslowakei ein Marineministerium, obwohl sie kein Meer hat?« – »Na und, die Sowjets haben ein Kulturministerium, obwohl sie keine Kultur haben« (aus der kommunistischen Zeit Polens).

jetzt kam ich endlich bis in die Burg, wo man uns mit feierlichem Ernst jene ritterlichen Toiletten zeigte, die sich in einem eigenen Turm samt Kanalisation befanden. Diese Kanaillen, schon damals verstanden sie sich auf solche Späße!)

Im Jahre 1309, als der Hochmeister mit dem nicht unbedenklichen Namen Siegfried von Feuchtwangen die befestigte Siedlung der Ritter des Deutschen Ordens in Marienburg zu seiner Hauptresidenz bestimmte, wurde der hiesigen pruzzischen Bevölkerung fast gänzlich und gründlich der Garaus gemacht. Gewiß, 1772 kehrte Preußen zurück, aber es war nicht das Preußen von einst und es waren nicht jene Pruzzen, sondern die Preußen, die man bis heute in Europa nicht ausstehen kann, weil sie, völlig zu Recht, mit sturem Militarismus, Feldchirurgie und Kantischer Philosophie in Verbindung gebracht werden. Die Marienburg ist allerdings schon dreihundert Jahre früher von den sarmatisch-verwegenen polnischen Haudegen erobert worden, woran auch Shakespeare im »Hamlet« erinnert, wenn er auf den Mißerfolg des lautstark beworbenen Feldzugs des Fortinbras anspielt.

Mit simpler Arithmetik läßt sich demnach beweisen, daß die Herrschaft der Kreuzritter in diesen Gegenden von Mitte des 13. bis Mitte des 15. Jahrhunderts währte, zwei Jahrhunderte, umgeben von den Abgründen der Zeit davor und danach. In dieser Zeit wurden nicht nur ein Mauerring angelegt, sondern auch die roten, pfeilförmigen Klötze – Palais, Terrassen, Galerien, Kreuzgänge, Türme, die Kathedrale der Jungfrau Maria mit der Kapelle der heiligen Anna und eine Reihe anderer Gebäude (die Innere Stadt) –, Unterkünfte, Gemeinderäume, Spitäler und Wirtschaftsräume, wo neben unermeßlichen Vorräten an Getreide, Mehl, Hopfen und Honig auch ritueller Beutewein aus dem Heiligen Land gelagert wurde. In den Brunnen lebten Karpfen, in den mit Wasserspielen ausgestatteten Orangerien tummelten sich Pfauen und Fasane – so gern meine Hand hier auch »und Pinguine« hinzusetzen würde.

An mehr kann ich mich nicht erinnern. Mir sind nur Worte geblieben, genauer, Worthülsen (*Refektorium, Dormitorium, Kapitularium*), und das bittere *Gefühl der Anwesenheit*, das mich im Garten des Hochmeisters angefallen hat.

4

»In der Tat war Wein nur den Ordensoberen, Kranken und Verwundeten erlaubt«, sagte unsere Führerin. »Der gewöhnliche Ordensritter erhielt zur Abendmahlzeit nur einen Krug Bier.«

Wir nickten demütig, waren aber nicht in der Lage, das Drama zu würdigen. Mancher von uns hätte lieber Bier statt Wein gehabt.

»Trotzdem haben wir sie geschlagen«, sagte eine Frau aus Weißrußland, während sie von der Höhe des Turms in den mit Touristen überfüllten Hof hinabblickte.

»Ob ich nicht mal zu Hause anrufen sollte?« fragte ich mich besorgt und konstatierte die ersten Symptome meiner Reiseparanoia.

Doch diesmal bremste ich mich rechtzeitig, denn plötzlich wurde mir klar, daß es besser ist, nicht zu wissen, als zu wissen und besser, nicht zu haben, als zu haben und besser, nicht zu sein, als zu sein.

5

Auf ähnliche Weise habe ich mich an jenem 14. Mai gerettet. Wir standen auf der Brücke über der Nogat und blickten wie benommen auf das rötliche Massiv der Burg, die so selbstverständlich dastand. Glücklich, wer nichts zu verlieren hat – dieser beizeiten erinnerte, zuvor vergessene Spruch leistete mir Erste Hilfe. Nur wer nichts hat, kann nichts verlieren –

dieser beizeiten vergessene und nun erinnerte Spruch polemisierte heimlich gegen den ersten. »Eine Banalität, die man am eigenen Leibe erfährt, ist keine Banalität mehr, sondern erlittene Wahrheit«, stieg aus den Verliesen des Gedächtnisses die nächste Banalität auf.

So lange wie ein Boxer braucht, um sich vom knock-down aufzurappeln, so lange braucht es, bis der Gedanke ans Verlorene dem Gefühl der Dankbarkeit Platz macht. Wir haben Glück gehabt, so mein Fazit. Erstens sind wir alle, der Hund eingeschlossen, mit dem Leben davongekommen. Zweitens haben *sie* vieles nicht abschleppen können: Bilder, die uns Freunde geschenkt hatten, Tonglöckchen, bemalte Flußkiesel; kein einziger Bildband ist abhanden gekommen, weder Zeitschriften noch Bücher, Postkarten, alte Briefe noch – o Wunder und Zeichen! – CDs aus der skrupulös über Jahre angelegten, lebensnotwendigen Sammlung (lebensnotwendig vor allem, wenn ich allein und angesäuselt bin, weil mir dann ein drittes Ohr zuwächst). Die Hand der Vorsehung hat *ihnen* machtvoll Einhalt geboten vor dem Schrank, der meine Beste Musik der Welt enthielt. Das heißt die Flasche *Ballantine's Finest* aus dem Schrank daneben ließen *sie* noch mitgehen. Aber da hätte *sie* der *himmlische Donner* gerührt – und zurückgehalten.

Drittens haben *sie* das Geld doch nicht gefunden; eigentlich war auch kaum was da, aber wenn *sie* davon gewußt hätten!

(Ein verwaister Hundert-Dollarschein, ein letztes Blatt im Herbst, harrte unser in seinem Schlupfwinkel, unberührt und jungfräulich, und wir hatten vor, ihn zu schänden, ihn rückstandslos in Alkohol umzusetzen, gute Menschen aus der Umgebung einzuladen und eine apokalyptische Geburtstagsparty für all diese Monster zu feiern.)

Sie filzten die Zimmer, die Regale, die Gegenstände, wie ein in drei Stoßtrupps aufgeteiltes Heer. Das Mädel durchkämmte die Kleiderschränke, warf die Klamotten auf den

Boden und durchwühlte die Wäschestöße, in denen man (davon war schon die Rede) gewisse Briefumschläge versteckt. Liebhaber Nummer eins demontierte und verpackte unterdessen, was er an *Apparatur, Technik und Eingemachtem* entdeckte; bei dieser Gelegenheit entstand die erste Zeile eines dümmlich-heiteren Gedichts ohne Fortsetzung: *Aiwa, Philips, Moulinex...* Der Drucker... Laser wäre auch nett gewesen, dafür ist das Modem eins von den teuersten. Die Glotze – lohnt nicht, dafür *einen Finger krumm zu machen*. Dann fing er an, die Bilder abzunehmen, aus zwei Gründen: unter diesen Bildern könnte erstens *Kohle* versteckt sein; sie könnten zweitens wertvoll sein, *obwohl, so ein Geschmiere würde ich auch noch hinkriegen*.

(Die Bilder wurden, zu je drei oder vier Stück verschnürt, im Flur zurückgelassen; sie waren – welch ein Omen! – mit einem uralten Schostkin-Tonband von einer vorsintflutlichen Spule verschnürt, auf die Schachtel hatte mal jemand »Andruchowytsch singt Blues« geschrieben; woher sie stammte, weiß ich nicht mehr, und mangels eines entsprechenden Geräts hatte ich das Band nie hören können, und so ging es seinem bitteren Ende entgegen; jetzt werde ich nie mehr hören können, wie Andruchowytsch Blues singt... Aber die Bilder waren zweifellos zum Abtransport bestimmt, nur trat dann vermutlich der *Schmierensteher* in Funktion; die Bilder wurden ob ihres zweifelhaften Werts in Panik zurückgelassen; sie haben sich nur eins unter den Nagel gerissen, zum Teufel damit, ein einziges, völlig wertloses.)

Liebhaber Nummer zwei hatte sich inzwischen zu den Bücherregalen vorgearbeitet. Da überfällt es ihn, dieses Einbrecherzittern – die Zeit vergeht, die Stunden verrinnen, und es gibt noch unendlich viel in dieser Wohnung, diese tausend Bücher hier, stünden sie nur wenigstens in den Regalen (-alen, -alen, -alen... bleibt es ihm im Halse stecken – denn sie liegen überall herum, auf Tischen, Fußböden, Nachtkästchen, Betten und – nicht zu fassen – sogar im Kühlschrank –, was muß das für ein Chaot sein, dieser *Leser*!), und unter jedem Buchdeckel könnten statt rausgerissener Seiten Zehntausende von Dollars auftauchen, und vielleicht ist es das erste Mal in seinem beschränkten, von einem finsteren Regisseur auf Gefängnis, Straflager und plötzlichen Tod – z. B. durch Ritzen – programmierten Leben, daß er vor dem Abgrund des Unerreichbaren erstarrt. Zunächst bemüht er sich noch, methodisch vorzugehen, keinen Einband zu übersehen, bei den mehrbändigen Ausgaben nicht aus dem Konzept zu kommen, er steht auf einem Stuhl, um zunächst die höchsten, am schwersten zu erreichenden Regale zu durchforsten, die Enzyklopädien mit ihren versteckt kumulierenden Möglichkeiten und der kleinen Schrift nerven ihn, aber auch die Lyriksammlungen und fremdsprachigen Anthologien, die zwischen den Seiten gepreßten Blätter, Atlanten über Pflanzen, Pilze und die Karpatenfauna, dicke Wälzer von Vielschreibern, und dann diese Namen – Eugène Sue, Edgar Poe, Maxim Go, Anton Tsche, Marcel Prou. Er merkt gar nicht, daß er angefangen hat zu lesen – zufällig schlägt er Seiten auf, von denen er nichts versteht, aber all die isoliert betrachteten Sätze lassen ihn nicht mehr los, und er verschwindet dorthin, wo

самиця єгу, побачивши поблизу молодих самців, має звичку ховатися за кущ чи за горбок і раз у раз визирати звідти, роблячи якісь чудернацькі жести; в цей час, як помічено, від неї дуже погано тхне // *Nein, ich tanze nicht, antwortete sie* // *Thank you. You have beautiful breasts* // *И, все еще не выпуская ее, он сдвинет руку ей под колени* // *Ми цілувалися там, і там я вперше торкнувся її по-справжньому* // *и теперь вся четверка ее членов обвивала его с такой открытой простотой, словно она годами преєавалась любовным схваткам во всех наших снах* // *Z samego prześcieradła mogę ci powiedzieć, ile razy i jak goście się pieprzyli* // *Она подумала (не* *могла не побумать), что ее отец проделывал с матерью то же самое, страшное, что сейчас делают с ней // моє тіло зробилося хвилею, я просила, щоб він увійшов і починав // Palkitsin hänet maidolla ja hunajalla, joita aloin vuotaa –*[*]

ihm immer heißer wird, schon weiß er, daß er es nicht schaffen wird, daß dieses Bücherschütteln sinnlos ist, aber wenn ihn nicht das Alarmsignal mit Gewalt aus seiner Büchertrance in die Einbrecherwirklichkeit zurückgeholt hätte, hätte er auch diesen für heute letzten Satz zu Ende gelesen: »Weißt du, nach solchen Abenteuern habe ich ein Gefühl, als hätte mir jemand den Arsch aufgerissen.«

6

Der Tag nach meiner Rückkehr stand ganz im Zeichen des äußerst echauffierenden Kontakts mit der Miliz. Wir gerieten zunächst an einen scheinbar recht weltläufigen Vorgesetzten, der mit den untrüglichen Anzeichen eines galoppierenden Schnupfens in alle Richtungen nieste und uns im Brustton der Überzeugung versicherte, seine Leute stünden in unserem Fall bereits kurz vor der Aufklärung. Heute, eineinhalb Jahre später, stehen sie offenbar immer noch kurz davor, scheu wie sie sind, treten sie von einem Bein aufs andere und trauen sich nicht, beim Einbrecher anzuklopfen. Tatsächlich überfiel mich noch am selben Tag Mitleid mit diesen wunderbaren Söhnen des Dorfes, denen man auch ohne uns das Hirn weich spülte mit Verbrechenskurven, Berichterstattung etc.

Es war prinzipiell nicht möglich, daß sie etwas aufklärten. Sie waren zu sechst, ganze sechs Gesetzeshüter fielen am

---

[*] Zitate aus Werken von J. Swift, R. Musil, T. Wolfe, Izdryk, V. Nabokov, M. Gretkowska, J. L. Borges sowie des Autors

Morgen nach dem Einbruch über den *Tatort*, meine Wohnung her; sie knallten mit den Türen, kickten die Sachen auf dem Boden herum, trampelten von einem Zimmer ins andere und verschwanden schließlich, nicht ohne die sechs Dollar einzustecken, die die Einbrecher großzügig auf dem Tisch zurückgelassen hatten. Ein Dollar für jeden (vorausgesetzt, sie teilten gerecht, was man getrost bezweifeln darf). Kann von einer *Aufklärung des Verbrechens* die Rede sein, wenn die Aufklärer selbst *der letzte Dreck* sind und sogar das mitgehen lassen, worauf die Diebe großmütig verzichten?

Später hatte ich ein aufschlußreiches Gespräch mit dem Untersuchungsleiter, der aussah wie ein Lehrling der Landwirtschaftsschule. Genauer gesagt handelte es sich um ein Verhör, und verhört wurde ich. »Heute ist Freitag, da arbeiten wir in der *Disco*«, weihte er mich in die Geheimnisse der Ermittlung ein. »Ich glaube, *sie* werden auch dort sein. Wir kleiden unsere Leute für die *Disco* ein und *untersuchen* dort alle Varianten.« Ich konnte körperlich spüren, wie scharf er aufs Tanzen war, und hatte das irritierende Gefühl, in einem schlechten sowjetischen Film aus den frühen siebziger Jahren zu sitzen.

»Der Computer«, fing ich an. »Man sollte überprüfen, ob sie nicht auf meine Kosten im Internet surfen.« In seinen wäßrigen Augen sah ich ein derart bodenloses Unverständnis, daß ich am liebsten mit dem Kopf gegen die abblätternde Wand der Wachstube gerannt wäre. »Sie sagen Computer«, unterbrach er mich vorwurfsvoll. »Unsere Computer – das sind Papier und Bleistift, das sind unsere Beine zum Laufen.« Er sagte nicht »und unsere Köpfe zum Denken«, was gut ins Bild paßte.

Plötzlich schrie draußen auf dem Gang eine Frau. Wir mußten um jeden Preis unsere Tochter von hier wegbringen. Sie wurde bereits seit vier Stunden verhört. Wie sich zeigte, sahen die anderen leitenden Beamten alle ähnlich aus. Es war sinnlos, von ihnen etwas zu erwarten. Vielleicht machen zukünftige Landwirtschaftsingenieure neuerdings ein Praktikum bei der Miliz? Ein mit Maschinenpistole bewaffneter Typ wollte uns nicht zu unserer Tochter lassen. Daneben drängte sich ein kleingewachsener Glatzkopf im Trainingsanzug (grau auf grün) durch, er stieß einen anderen Kleinwüchsigen und Kahlgeschorenen, ebenfalls im Trainingsanzug (dunkelblau auf grau), vor sich her, dem er die Hand gebrochen hatte. Sie sahen aus wie Spieler aus derselben Mannschaft beim Training oder wie Zwillinge, die sich in die Haare geraten waren. Diese im Chromosomensatz verankerte Typologie, die genetische Verwandtschaft der Bullen mit den Gaunern hätte frappanter nicht sein können. Das Schlimmste ist, daß sie weit über die Grenzen dieses Bullenreviers hinausging – das war eine landesweite Verwandtschaft, denn *sie* waren überall, die große ukrainische Familie, Parodie und Travestie der *Mafia*, eine Familienfamilie, vom Vater zum Sohn; *Du unser schönes, Du unser wunderbares Volk*, kleinwüchsig und kahlgeschoren, in Sportklamotten, die ganze Stadt voll davon – *sie* saßen in Cafés und Autos, drängten sich auf Märkten und Bahnhöfen, an Tankstellen und Kiosken, klimperten mit Schlüsseln, kratzten sich am Hintern, knackten Sonnenblumenkerne, klauten, schissen et cetera, während die Kreuzritter von hohem Wuchs waren und ihr Haar lang trugen, länglich war auch ihre Kopfform, ihre Hände waren sauber, ihre Herzen glockenhell, und wenn sie zur Befreiung des heiligen Grabes auszogen, sangen sie dreimal jede Stunde neunmal das Gebet zur Gottesmutter Maria, und als wir drei uns mitsamt unserer Tochter endlich von dieser geplünderten Stadt losgerissen hatten, war ich bereit, ein rituelles »Hosianna!« zu brüllen – einen anderen Ausdruck für meine Gefühle gab es offenbar nicht...

7

Mein Freund Gogo lebt in New York, besucht aber jedes Jahr die Ukraine. »Weißt du«, sagt er, »jetzt habe ich verstanden, warum es bei euch so elend ist. Ich habe bemerkt, daß bei euch die jungen Kerle und Männer gern mitten auf der Straße rumhocken. Sie treffen sich zu viert oder fünft und hocken auf Zehenspitzen im Kreis. Dabei schweigen sie, rauchen und spucken aus. Das müssen die tatarischen Gene sein. Das sind Tataren in der Steppe.«

In Wirklichkeit ist es eine Angewohnheit aus der *Zone*. Man hält die Arme schlaff nach vorn gereckt, die Ellenbogen auf den Knien, damit sie sich *erholen* können.

Aber ich wollte Gogo seine historische Erkenntnis nicht zerstören. Soll er nur an Tamerlans Bogenschützen denken. Wir haben sie doch geschlagen, hätte die Frau aus Weißrußland gesagt.

8

Ich habe nie an eine *gepanzerte* Tür gedacht, innen undurchlässig und kalt, außen aber beschönigend mit glattem, warmem Holz in den verschiedensten Tönungen beschichtet (»Laminat, Preßspanplatte, Karelische Birke, Eiche, Nuß, Kalifornische Sequoie«, beschwor mich ein Verkäufer, der aussah wie ein Bandit und über eine schier unerschöpfliche technologische Phantasie verfügte), ich habe nie an Riegel- und Vorhangschlösser gedacht, auch nicht daran, daß für unsere Bedingungen das Moskauer Schloß nach wie vor das zuverlässigste ist, während die tschechischen und italienischen reine Geldverschwendung sind und der *Preisunterschied* völlig unbegründet. Ich habe nie an Türschlösser – schon gar nicht an Moskauer – als Garantie meiner inneren Unabhängigkeit gedacht. Ich habe nie gedacht, daß nur durch Gasschweißung installierte Türen garantiert nicht gleich aus den Angeln gehoben werden können. Ich habe nie gedacht, daß wir erst einschlafen werden, nachdem wir uns vergewissert haben, daß eine Axt unterm Bett liegt. Ich habe auch nie gedacht, daß ich ein Zuhause wünschenswert finden könnte, das einer Isolierzelle gleicht, ausgerechnet ich, der gern ausgeht und die vier Winde liebt – ein kompromißloser Befürworter von Freiheit und Offenheit.

Aber meine Kataklysmen waren nicht auf das Syndrom der verschlossenen Tür beschränkt. Noch schlimmer stand es um mein Vaterland. In nahezu zehn unsteten Jahren habe ich in mir – so pathetisch es an dieser Stelle auch klingen mag! – etwas gehegt, das flatternd und feucht ist: die Liebe zur Rückkehr. Diese Liebe hatte etwas Inzestuöses – der Drang, in meine Stadt zurückzukehren, die ich ohne viel Nachdenken und ohne tieferen Grund mal Stanislau, dann wieder Frankiwsk nenne und dabei vergesse, daß es sich in Wirklichkeit um zwei Städte in einer handelt, die meist nicht aufs Angenehmste koexistieren, obwohl ich mich doch in jeder von ihnen zu Hause und nicht nur *quasi zu Hause* fühle.

Diesmal ertappte ich mich dabei, daß ich sie haßte. O du verficktes Provinzloch, du beschissenes Kaff, du schlaffer Arsch der Welt! Du bist nicht imstande, deine Besten zu schätzen noch sie zu schützen, die dir weiß Gott warum geschenkt wurden! Du hast keine Ruhe, bis du auch aus ihnen somnambule Biester und Pechvögel gemacht hast, wie es die meisten deiner Einwohner schon sind!

Die ganze Stadt waren *sie*, von uns war fast nichts übrig. *Sie* verfolgten uns überall, bereiteten monate- und jahrelang ihre Strafaktionen vor: *Sie* studierten unsere Reiserouten, Abfahrts- und Ankunftszeiten, die improvisierten Zickzackkurse nächtlicher Vergnügungstouren; *sie* riefen immer wieder an, um dann am anderen Ende der Leitung zu schweigen, aber das war noch die harmloseste ihrer psychologischen Attacken. Manchmal schossen *sie* vor unseren Fenstern, häufiger noch stellten *sie* ihre Existenz unter Beweis, indem *sie* einen Freund auf dem Rasen im Park oder am Ende der Festungsgasse bewußtlos schlugen. Die Geschichte zerschlagener Brillen oder gebrochener Rippen könnte sich als die Geschichte unserer in den neunziger Jahren erstarrten Ewigkeit erweisen.

Ich hätte nie gedacht, daß ich mal keine Gesichter mehr sehen könnte. Aber soweit war es gekommen: An dem Tag, an dem wir gegen sieben Uhr morgens zum ersten Mal über die Schwelle unserer geschändeten Wohnung traten und auch an den folgenden Tagen der *Gewöhnung* gab es keine Gesichter mehr. Anstelle von Gesichtern begegneten mir überall unerträgliche Hieronymus-Bosch-Fratzen, in ihrer Widerwärtigkeit noch um die Hollywood-Künste der Deformation bereichert; als ich durch die Stadt ging, spürte ich ganz deutlich, wie *sie* mich alle erkannten und mit welcher Schadenfreude *sie* mir nachblickten – da geht er, der Arschficker, aber die Bude haben wir ihm ausgeräumt!... Und ich sah – Gott möge mir verzeihen! –, womit ich nie gerechnet hätte: in den Frauen und Mädchen die Komplizinnen, Verbrecherbräute, Täterinnen, Spioninnen und Kundschafterinnen. In jeder von ihnen saß eine versteckte *sie*. Und sie alle – das waren auch *sie*. Je schöner sie waren, um so schlechter für uns und für dieses Land. Sie kommen zu euch, als wollten sie nur aufgerissen werden, tatsächlich aber spionieren sie alles aus, und in ihrer Möse stecken Gaspatronen.

Auf all das konnte es nur eine Antwort geben: Terror. Zum ersten Mal in meinem Leben verspürte ich das brennende Bedürfnis nach einer Pistole, ich dachte nur noch ans Schießen. In Gedanken stürmte ich Bars und Cafés und kannte keine Gnade. Ich legte alle Glatzköpfe um. Ich geriet in Rage und übertrieb gelegentlich die Grausamkeit, indem ich ihnen die Fortpflanzungsorgane wegschoß und damit unsere Zukunft sterilisierte. Ich übertrieb auch mit der Wirklichkeit, denn meine zuverlässigen Pistolen, nach den neuesten Katalogen bestellt und erworben, brauchten nicht nachgeladen zu werden – hundert, zweihundert Leute konnte ich in einem Schwung abknallen, ohne auch nur den Finger vom Abzug zu nehmen.

Nicht weniger obsessiv war die Vision einer Vorrichtung, die ich als *Abwehrhinrichtungssystem* bezeichnen könnte. Dieses Ding wurde in meiner Wohnung montiert (die technischen Details überlasse ich den Planern künftiger Gefängnisse und Konzentrationslager), und sobald sich ein Unbekannter der Tür in einbrecherischer Absicht näherte, traten die entsprechenden Hebel in Funktion, die Tür fing von selbst an zu schießen, eine Maschinengewehrsalve durchlöcherte *ihre* unkontrolliert zuckenden Körper. »Wenn das ein paar Mal passiert«, sagte ich mir, eher um mich selbst zu überzeugen, »nur ein paar Mal, dann ist Schluß mit Wohnungseinbrüchen.«

Mit einem Wort, ich wußte, wie man das Verbrechen zu bekämpfen hatte. Die Strafe mußte massiv sein, drastisch und unmittelbar, möglichst irrational und mystisch, aus heiterem Himmel mußte sie über *sie* hereinbrechen.

Eine Art himmlischer Kreuzzug: metallene Pferde mit ebenfalls metallenen, zwei Meter großen arischen Reitern in weißen Mänteln mit schwarzem Kreuz, eine Musik, wie nicht von Menschen gemacht, Richard Wagner, Märsche aus dem alten Deutschland, vielleicht »Rammstein« oder »Laibach«...

9

Von den vielen Fragen, die diese unvollendete Geschichte mit den irgendwo über Preußen endgültig entmaterialisierten ehernen Reitern meines Zorns unbeantwortet ließ, scheint mir eine besonders wichtig zu sein: Wie kann man jemals wieder liebgewinnen, was man zu hassen begonnen hat?

Eines Tages werde ich einen alten Spiegel kaufen, in dem man Erscheinungen sieht. Die Erfahrenen raten vom Kauf alter Spiegel ab, denn auf diese Weise tragen wir Bruchstücke anderer, ausgestorbener Welten nach Hause, die uns heimsuchen werden.

Aber genau das will ich. Ich möchte mich mit diesen Bruchstücken überschneiden und im Spiegel die nicht existierenden Korridor- und Zimmerfluchten sehen, menschliche Gestalten, die in der Tiefe auftauchen. Es ist fraglich, ob wir in den Lauf der Ereignisse, die wir im Spiegel sehen, eingreifen können. Wir sind mit der Vergangenheit vergangen – diese Tautologie ist unumgänglich, weshalb sie also hier vermeiden?

Um damit irgendwie zurecht zu kommen, bleibt uns (oder zumindest mir) nur die Idealisierung des Vergangenen. Ich sehe ein, daß ich eine irrsinnige Dummheit begehe. Die Menschen verdienen meist nicht, daß man zu gut über sie denkt. Die Aufwertung der Verstorbenen auf Kosten jener, die noch leben, erscheint ungerecht und daher unvernünftig, um nicht zu sagen naiv. Je früher diese Verstorbenen verstorben sind, um so weniger Grund gibt es für unsere Aufwertung.

Vor allem mußten die Kreuzritter aufgehalten werden. Bei diesem weiteren, von mir provozierten Zusammenstoß des Europäischen mit dem Ukrainischen stand ihre Überlegenheit außer Zweifel. Dieser Konflikt durfte nicht ausgetragen werden, denn das wäre zu einer Abrechnung ausgeartet.

Statt dessen möchte ich jenen, die in der Nacht vom 13. auf den 14. Mai 2000 aus meiner Wohnung ins Treppenhaus gerannt sind, eine letzte Chance geben. Da kann ich nicht eingreifen, sie müssen sich selbst herauswinden. *Ihnen* sind bereits alle Wege abgeschnitten, mit Ausnahme eines einzigen: über die Treppe aufs Dach. *Sie* reichen einander die in Laken und Handtücher gebündelten Gegenstände weiter, Taschen, Koffer, Rucksäcke. Endlich sind ihre Handlungen exakt und koordiniert – *sie* kann man nur bewundern: Der erste ist schon auf dem Dach, die zweite auf der Leiter, der dritte noch unten mit dem letzten Bündel, das flink von Hand zu Hand geht, gut möglich, daß auch der vierte auftaucht, der *Schmiere gestanden* hat, aber uns geht es um die ersten drei, denn *sie* verbindet jetzt etwas viel Größeres als die gemeinsame Aktion. Auf dem Dach angekommen, schöpfen *sie* tief Atem, betrachten die Beute, erblicken über sich den Sternenhimmel, und selig setzen sie sich in Bewegung, auf den großen Weltenabgrund zu.

Treffpunkt Germaschka

I

Es läßt sich wohl kaum behaupten, daß sich die klimatischen Bedingungen des Landes, in dem ich geboren wurde und lebe, wesentlich von den mitteleuropäischen unterscheiden. Derselbe Sommer mit der schon üblichen Kälte im Juni und Hitze im August, derselbe unbeständige Winter mit kurzen Frost- und langen Tauwetterperioden, derselbe nach Regen und absterbenden Pflanzen riechende Herbst, derselbe launische Frühling voll aufgeregter Erwartung. Ich nehme an, daß in den Familien der deutschen Kriegsveteranen bis heute alle möglichen Phantasmagorien über den härtesten aller Winter kursieren, den ukrainischen, der Finger und Zehen abfrieren und die Genitalien erstarren läßt. Ich nehme ferner an, daß das menschliche Gedächtnis in der Lage ist, das Reale ins Irreale zu transformieren und mit narrativen *special effects* anzureichern. Auch will ich gar nicht bestreiten, daß es natürlich Klimaveränderungen gibt und daß seit der Zeit der letzten Kampfhandlungen das Wetter in der Ukraine umgeschlagen und spürbar milder geworden sein mag. In jedem Fall aber kann ich mit der verbürgten Erfahrung des Weltreisenden, der im Laufe der letzten zehn Jahre unzählige Male in die westliche Welt vorgestoßen und von dort auch wieder zurückgekehrt ist, sagen: nein, ich kann keine Klimagrenze etwa zwischen Wien und Lwiw oder Berlin und Kiew erkennen.

Aber es gibt eine andere, eine *real* existierende Grenze, zu der der innere Weltreisende in mir seine Bemerkungen machen möchte. Diese verläuft an der westlichen Staatsgrenze der Ukraine, die millimetergenau den Verlauf der alten Grenze der UdSSR wiederholt und das Sein damit in Europa und etwas anderes teilt. In den letzten zehn Jahren habe ich eine beträchtliche Erfahrung des Grenzüberschreitens in beide Richtungen, hin und zurück, erworben. Ungeachtet der identischen meteorologischen und klimatischen Bedingungen auf beiden Seiten der Grenze kann ich dennoch, wenn ich sie bei der Rückkehr aus dem Westen überschreite, ein und dasselbe beobachten: Das Wetter ändert sich schlagartig, es verschlechtert sich regelmäßig, der Horizont verdunkelt sich und die Himmel entladen sich in Regen oder Schnee, im besten Fall bleibt es bei Nebel und grauer Feuchtigkeit, die den Ausblick verwehren. So als inszenierte jemand absichtlich für mich und meine zufälligen Reisegefährten ein gigantisches atmosphärisches Spektakel unter dem Titel »Die Heimat läßt grüßen!«. Als würde schon hier auf der Schwelle die Prüfung im Fach Vaterlandsliebe beginnen: Halte ich auch diesmal durch?

2

Was eigentlich trennt diese fatale postsowjetische Grenze von Europa? Anders gesagt, welche Notwendigkeit besteht für die strahlende, sich immer mehr nach Osten erweiternde Europäische Union, vor diesen verlottert-verblichenen Gebieten einen neuen Eisernen Vorhang hochzuziehen? Geht es vielleicht zum x-ten Male darum, das Licht von der Finsternis zu scheiden? Nur, warum ist dieses Licht im Westen und die Finsternis im Osten? Geht es etwa um unsere Probleme mit der Energieversorgung, die regelmäßigen Stromsperren im Herbst und Winter, das allabendliche Versinken unserer Städte, Kleinstädte und Dörfer in den Abgrund der Nacht?

Worin also liegt der Unterschied? Zunächst zweifellos in einer neuen Qualität der Straßen. Kaum daß ich die Grenze überschritten habe und in den *Schoß des Vaterlandes* eingefahren bin, spüre ich sie physisch, diese Rumpelpiste, von Tausenden Sprüngen durchzogen, ebenso oft geflickt und dennoch in ruinösem Zustand. Es schleudert mich hoch, es rüttelt mich durch, der Fahrer kann kaum sechzig fahren, und jedes Schlagloch legt ein explizites Bekenntnis von der Nichtzugehörigkeit zur griechisch-römischen Zivilisation ab. Aber selbst wenn man sich, um den Straßenverbindungen zu entgehen, der Eisenbahn anvertraut – die Grenze ist da, in der unterschiedlichen Spurbreite zwischen den *russischen* und den *europäischen* Schienensträngen. Und was soll man mit diesen Schienen machen, dem vielleicht unverwüstlichsten Erbe des Imperiums?

Aber es sind nicht die Geleise beziehungsweise ihre größere Spurbreite, die in erster Linie von der faktisch ungebrochenen Existenz des Imperiums zeugen, sondern eine andere Musik und Massenkultur. Es ist diese Grenze, die jene Gebiete, wo man mit Begeisterung Russenpop hört, von denen trennt, wo man ihn verachtet. Es ist einfach unglaublich – nur zwei bis drei Kilometer weiter nach Westen, und niemand hat je von Filip Kirkorow gehört, von Alla Pugatschowa, geschweige denn von Josif Kobson, dem Frank Sinatra eines immer noch vereinigten postsowjetischen Raums. Geht man aber zwei bis drei Kilometer weiter nach Osten, so wachsen die erwähnten Filips, Allas und Josifs zu Superstars einer allgegenwärtigen Volkslegende, zu Fast-Familienmitgliedern, die einem viel näher und verständlicher sind als alle nationalstaatlichen Ideale und Ambitionen, die *ukrainische Entscheidung für Europa* eingeschlossen. Ich habe nicht den geringsten Zweifel, daß die UdSSR in diesem Sinn weiterbestehen wird – als gigantischer und ungeteilter Kontinent, der *sechste Teil der Erdoberfläche*, wo man sich für minderwertige russische Musik begeistert (nein, nicht für Tschaikowski und Mussorgski, die hört man weiter westlich). Und daher kommt auch ein nur an diese Musik gebundener Lebensstil, kommen die Riten des Alltags mit anders geregelten zwischenmenschlichen Beziehungen und einer anderen – kollektivistischen – Ethik, mit anderen Vorstellungen von Kollegialität und anderen Getränken auf festlich gedeckten Tischen.

Die Wodkazone, die schon weiter westlich beginnt, im benachbarten und an Paradebeispielen reichen Polen, erreicht erst bei uns, jenseits dieser Grenze, ihre vollkommenste Ausprägung.

Die Grenze bestimmt auch die Art, sich anzuziehen – die Pelzmützen aus Kaninchenfell, die weichen Wolltücher auf den Köpfen der Frauen, schwer und unförmig wie die sackförmigen Trainingsanzüge. Selbst die Berge von *europäischem* Secondhand zu Schleuderpreisen, die in den letzten fünf Jahren unsere endlos langen Straßenmärkte überschwemmten, haben vorläufig keine größeren pro-westlichen Veränderungen an den Konturen der menschlichen Landschaft verursacht.

Denn sie, diese Landschaft, wird durch etwas Wesentlicheres geprägt, als es das politische System des vergangenen oder auch des Jahrhunderts davor war, wesentlicher auch als das kyrillische Alphabet, diese exotisch-verlockende Fessel des echten, verfeinerten Europäers, der sich seiner individuell-sprachlichen Einzigartigkeit mit den bescheidenen Mitteln diakritischer Zeichen versichern und seine eigene historisch-kulturelle Unwiederholbarkeit aus so etwas wie einem *scharfen S* ableiten muß. Es ist nicht die Schönheit der kyrillischen Lettern in ihrer ukrainischen Version, *nicht die Mondsichel des Buchstaben є, nicht die zarte brennende Kerze des ï,* die jene Andersheit ausmachen, die jenseits der Grenze beginnt.

Nein, bei dieser Andersheit geht es um etwas Tieferes, Grundlegenderes – vielleicht um eine byzantinische Mentalität, der zufolge *die Wahrheit höher steht als das Gesetz*; weil aber zur gleichen Zeit *jeder seine eigene Wahrheit hat*, steht jedem westlichen Versuch, jenseits der Grenze mindestens einen Ableger des *Gesetzes* einzupflanzen, das gleiche Schicksal bevor: sabotiert und ausgepfiffen zu werden. Die weitblickenden unter den Soziopsychoanalytikern haben bereits ihre Diagnose gestellt: nur der Despotismus könne eine so byzantinisierte Gesellschaft überhaupt regieren, keines der Modelle der westlichen Demokratie würde hier Fuß fassen können, ohne sich alsbald als sekundäre posttotalitäre Metamorphose oder besser gesagt Metastase zu entpuppen. Aber ich will mich damit nicht abfinden – offen gesagt, ist mir hier die Kurzsichtigkeit lieber als die Weitsichtigkeit, und ich bin nicht gewillt, meine letzten Rückzugsgebiete irgendeinem despotischen Zuchtmeister zu opfern.

Ich kann mich aber sehr wohl damit abfinden, daß es bei dieser letzten Teilung der Welt auch um die Andersheit menschlicher Gesichter geht. Und das ist mir rätselhaft – woran erkenne ich sie immer und überall, diese Menschengesichter von meiner Seite der Grenze? Woran – gleich, an welchem Ort wir uns treffen, ob in der Wiener Oper oder in einem heruntergekommenen Schuppen, unabhängig von Auftreten und Kleidung? Bei all ihrer genetischen Vielfalt und typologischen Unterschiedlichkeit – woran?

3

Diese Gesichter (ukrainische? postsowjetische? ukrainisch-sowjetische?) werden im Westen immer zahlreicher. Bei jedem neuen Aufenthalt stelle ich fest, daß es wieder mehr geworden sind. Im bürokratischen Slang heißt das *Ausreise zwecks DWS* (Dauerwohnsitz). Die Vorliebe für Abkürzungen, jenes unabdingbare soziolinguistische Kennzeichen des Sowjetmenschen, hat sich auch beim postsowjetischen Menschen erfolgreich behauptet. Was meiner Ansicht nach nur jene geheime Ahnung bestätigt, daß der *homo postsovieticus* de facto nur eine Abart des *homo sovieticus* ist, eine Art historischer Ableger. Ich könnte noch weiter gehen und diese Vermutung auf das System im Ganzen ausdehnen: die UdSSR besteht tatsächlich weiter – ihrer äußeren Form beraubt, hat sie ihre innere völlig unangetastet bewahrt, lebt im Inneren weiter, wo sie auch weiterhin ihr Sechstel auf den

Hemisphären der Gehirne einnimmt, auf der Ebene des Unterbewußtseins, bei jenen Nervenzellen, die sich, ganz im Gegensatz zur üblichen Annahme, ständig erneuern. Ja, diese Zellen erneuern sich.

Aber kommen wir zurück zur erwähnten *Ausreise zwecks DWS*. Diese zweifellos in den labyrinthischen Eingeweiden der sowjetisch-postsowjetischen Abteilungen für Visa und Aufenthaltsgenehmigungen (AVAG) entstandene Abkürzung birgt in sich die ersten Buchstaben von drei russischen Wörtern: *Postojannoe* (Dauer) *mesto* (Wohn) *shitelstwo* (Sitz). Verständlich, daß in ihr ein historisches Echo aus dem zaristischen Rußland mitschwingt – die Leibeigenschaft und dazu die für Polizei und Verwaltung typische Vorstellung von der Unzulässigkeit oder zumindest Unerwünschtheit jeglicher von oben nicht kontrollierter individueller räumlicher Veränderungen.

In der Sprache der normalen Menschen könnte die *Ausreise zwecks DWS* vielleicht Ausreise für immer heißen. Und deshalb ist die Information, daß N. N. *zwecks DWS in die BRD reist,* in dem Sinn zu verstehen, daß dieser N. N. eine Erlaubnis zur Übersiedlung nach Deutschland erhalten hat und daß ihm deshalb die ganze Ukraine längst scheißegal ist und er sie verläßt, so schnell er nur kann, um so rasch wie möglich über die Grenze zu kommen, ein *normaler Mensch* zu werden und nach Möglichkeit nie wieder zurückzukehren.

In den *edleren* Zeiten der jüngeren Vergangenheit, als es noch um den ideologischen Kampf mit einem feindlichen System ging, hieß die *Ausreise zwecks DWS* einfach *Emigration*. Das waren seltsame Gestalten, die sich für die Emigration entschieden: dissidentische Professoren, Schriftsteller, Künstler und Theaterregisseure, politische Häftlinge, die man unter dem Druck von »Amnesty International« freigelassen hatte. Sie waren entschlossen wie Camus' Deserteur im Krieg. Das System verstand sich darauf, moralischen Druck auszuüben, und hatte sofort die stereotypen Beschuldigungen von Abweichung und Verrat zur Hand: jeder Emigrant wurde auf diese oder jene Weise öffentlich und lautstark gebrandmarkt und der Verachtung durch die Gesellschaft preisgegeben. Die Vertreter der Emigration verkörperten vorwiegend den hinlänglich hartnäckigen und überzeugten Typ des *homo antisovieticus*. Ihre Wahl war zweifellos eine »Grenz-Wahl«, die Andersheit erforderte, eine andere Art zu denken und zu empfinden.

Heute betreibt ein völlig veränderter Menschentyp die *Ausreise zwecks DWS*. Er tendiert nicht zum Anderssein, sondern zum Typischen. Es handelt sich primär um jenen *homo sovieticus absolutus*, der es trotz allem nicht geschafft hat, sich einen Platz in den Trümmern eines scheinbar zerstörten Systems zu erobern, der ohnehin ephemerische Begriff »Vaterland« hat für ihn endgültig jeden Sinn verloren, besinnungslos stürzt er dorthin, wo das Angebot in den Läden am größten ist. Ich möchte mir erlauben, diesen Menschen den *Woolworth-Menschen* zu nennen. Diese Bezeichnung ist übrigens vollkommen zufällig, statt *Woolworth* könnte es auch *Aldi* sein. Es sind Menschen, getrieben von der unbewußten Sehnsucht nach dem – auf ihrer Seite – verlorenen Sozialismus. Supermärkte vom Typ *Woolworth* entsprechen dem sozialistischen Modell des ausgleichenden Wohlstands vollkommen: keine allzu große Auswahl, kein erstklassiges Warenangebot, zugleich aber, und das ist entscheidend, keine hohen Preise und, könnte man sagen, eine äußerst egalitäre Form des Angebots.

Sozialismus ist, wenn man von oben versorgt wird. Das ist die Sozialhilfe (im Jargon der DWS-Leute das »Sozial«), mit der man ganz locker *wohnen* kann am neuen *Wohnort*, in der mit den Woolworths der ewigen Seligkeit überfüllten *Germaschka*. DWS-Menschen, die seit Generationen an ein ständiges Warendefizit gewöhnt waren, brauchen nicht mehr – das Ziel ist erreicht, der Himmel auf Erden erobert und, wie man bei ihnen im Spaß sagt, *das Leben geglückt*.

Ich erinnere mich an eine Sendung im deutschen Fernsehen, die ich vor zehn Jahren sah, als ich zum ersten Mal in meinem Leben die Gebiete jenseits der Grenze besuchte. In der Sendung kam ein *Flüchtling aus der Ukraine* vor, ein junger Mann von höchstens dreißig Jahren; er machte ein trauriges Gesicht und erzählte mit weinerlicher Stimme, daß er von dort geflohen sei, wo nach dem Zusammenbruch der UdSSR die totale Katastrophe herrsche und ein Bürgerkrieg in der Luft liege; all das wurde in russischer Sprache vorgebracht, wobei der unsichtbare Übersetzer aus mir unverständlichen Gründen bemüht war, die apokalyptischen Befürchtungen des Erzählers deutlich zu verstärken; in der Vorstellung der Zuschauer mußte das Bild eines Schlachtfeldes entstehen mit unbeerdigten, von verwilderten Hunden zerfleischten menschlichen Leichen im Vordergrund; zu guter Letzt erklärte der Bursche, daß er Deutsch lerne und daß er der *deutschen Regierung* unendlich dankbar sei usw., denn dort, woher er geflohen sei, gäbe es *kein Lebensmittel*. Wahrscheinlich, war das eines der ersten deutschen Wörter, die er gelernt hat – *Lebensmittel*, das wiederholte er wohl zehnmal, wie eine Beschwörung (*hier viel Lebensmittel, dort kein Lebensmittel*), wie ein Gebet, eine Art *Woolworth*-Mantra, na ja, verständlich, es ging um Religion, um die besondere Religion der Sowjetmenschen und ihren höchsten Gott, dessen Name zum Beispiel *Lebensmittel* ist.

4

Man könnte sagen, die Länder der Welt lassen sich einteilen in solche, aus denen man weggeht, und in solche, in die man geht. Deutschland gehört zweifellos zu den letzteren. Ich lebe in einem Land, das man zu den Ländern des ersten Typs zählen könnte. Aus diesem Land geht man weg, vorübergehend und für immer.

Die Ukrainer migrieren, und es besteht Grund anzunehmen, daß es sich um eine Massenmigration handelt. Es gibt keine offizielle Statistik, denn diese Migration ist zu neunzig Prozent nicht legal. Nach der nicht offiziellen Statistik leben allein in Portugal an die 300 000 Ukrainer, ebenso viele in Griechenland, und in Italien fast eine Million. Die Ukrainer emigrieren und mimikrieren, um nicht von der Polizei aufgegriffen, verhaftet und deportiert zu werden. Ungeachtet des beträchtlichen Risikos, in der Sklaverei, im Gefängnis oder im Bordell zu landen, migrieren sie weiter.

Schon seit einigen Jahren stelle ich mir immer wieder die gleichen Fragen: Was soll der Schriftsteller machen in einem Land, das man verläßt? Hier bleiben und alles ignorieren oder so tun, als wüßte er von nichts? Sich ins eigene Innere zurückziehen und diese Flucht stolz als »Verbannung« bezeichnen? Welche Form der Niederlage wäre weniger schmerzlich? Welche käme einem Sieg gleich?

Vor einigen Tagen stieß ich auf einen Artikel der englischen Zeitschrift *Economist*, in dem das Land, in dem ich lebe, vielleicht zum ersten Mal seit seiner Unabhängigkeit vor zehn Jahren, als ein »bedauernswertes« Land bezeichnet wurde. Das Wort ist gefallen: »bedauernswert«. Ich kann mich nicht dagegen wehren, höchstens nach einer Geschichte suchen, die zu diesem Thema paßt. Zum Beispiel die folgende.

Mein Freund, zwölf Jahre jünger als ich, lebt in Prag. Er stammt aus der ukrainischen Emigration der zwanziger Jahre, gehört also schon zur dritten Generation ehemaliger Emigranten und hat – wie alle solche Nachkommen – Schwierigkeiten mit der Identitätsfindung. Einerseits ist er den Versuchungen der Assimilation ausgesetzt, ein *normaler Tscheche* zu werden und aus dem Ghetto der Familientradition auszubrechen, andererseits lockt die Treue zu diesem Ghetto und seinem Erbe, die Idee, eine unverfälschte ukrainische Identität zu bewahren. Hinzu kommt, daß mein Freund auch Dichter ist, die Frage der eigenen Identität also alles andere als eine leere Sache für ihn ist: Es geht schließlich um die Sprache, in der er seine Liebeserklärung an die Welt formuliert.

Mein Freund liebt die Frauen außerordentlich (ich drücke ihm – aus der Entfernung – brüderlich die Hand) und ist ständig verliebt. Und jede seiner neuen Flammen fragt bei der erstbesten Gelegenheit, warum er einen so seltsamen Vornamen habe. Sie wissen nicht, daß er nach dem größten ukrainischen Dichter des 19. Jahrhunderts heißt – für unsere patriotischen Intellektuellen der *geistige Vater des Volkes*. Seit einigen Jahren hat mein Freund es aufgegeben, eine ehrliche Antwort auf die unschuldige Frage seiner Liebsten zu geben. Er hat seine Gründe.

Denn einmal kam ein Mädchen, das er schon nach einer Woche für den wichtigsten Menschen auf Erden hielt, zu spät zum Rendezvous. Sie erklärte ihre Verspätung damit, daß sie, kaum aus dem Haus getreten, von einem vorbeifahrenden Auto von Kopf bis Fuß naßgespritzt worden sei. »Stell dir vor«, sagte sie und hatte zur Verdeutlichung einen Vergleich gefunden, »ich war schmutzig wie eine Ukrainerin!« Für meinen mit einem so großen Namen beschenkten Freund wurde dieser Vorfall zur intimen Katastrophe. Er trennte sich von ihr.

Wie Millionen andere Leute liebe auch ich die Stadt, in der er lebt – Prag, diese Quintessenz aller möglichen Mysterien und Chimären, Verflechtungen von Geheimnissen und Liebschaften, jene Alchemie von großen und kleinen Gesten, eine der wenigen Städte auf der Landkarte des Theatrum mundi, wo das Reale und das Surreale, das Physische und das Metaphysische eine unzertrennliche Einheit bilden. Aber es gibt noch ein anderes Prag, das ich auf meinen nächtlichen Streifzügen kennenlernte, das Prag der ukrainischen Billigarbeitskräfte, meiner Landsleute, die in dieser Stadt legal oder illegal zu Zehntausenden (zu Hunderttausenden?) leben und die ich betrunken und schlecht gekleidet in irgendwelchen Winkeln und Ecken antreffe. Für einen lächerlich geringen Lohn verrichten sie die härteste und schmutzigste Arbeit in dieser Stadt, in der sie verenden und dem Suff verfallen oder wie räudige Hunde jederzeit und ohne Grund vom erstbesten Kapo der Mafia, die sie »vermittelt« hat, verprügelt werden.

Das Mädchen meines Prager Freundes hatte Recht: hinausgedrängt aus einer menschlichen und menschenwürdigen Existenz sind sie wirklich schmutzig. Nichts ist daran neu – wir haben es mit einer neuen Einwanderung von Proletariern nach Europa zu tun, und die Schuld daran kann man wohl nur einem wilden Kapitalismus geben.

Für jemanden wie mich, der immer noch in einem Land lebt und schreibt, aus dem andere weglaufen, bedeutet es das Ende einer Illusion, die ich wie eine in mir schlummernde Krankheit mit mir herumgeschleppt habe.

5

Das Recht auf Illusionen gehört wohl zu den menschlichen Grundrechten. Objektiv – und da bricht in mir der hausbakkene Metaphysiker durch – hat die Illusion in jenen Sphären ihren Sitz, wo auch die Hoffnung angesiedelt ist. Meine persönliche Illusion bleibt, wenngleich durchgerüttelt und durchgeschüttelt, bis heute gültig, auch weil sie mich nach Westen schauen läßt, dorthin, wo über der Grenze die Sonne untergeht. »Europa – das ist...«, will ich immer wieder mit Worten sagen, die mich schwindeln lassen, und dabei unterlaufen mir die gröbsten Schnitzer.

Es ist gerade zehn Jahre her, seit ich mich zum ersten Mal in meinem »Europa – das ist...« befand. Meine Illusion war also damals um zehn Jahre größer und jünger, so daß Sätze sich von selbst schrieben, die ich heute mit einer Mischung aus Beschämung und Belustigung wiederlese: »Den europäischen Menschen hat das Erbe geformt. Du kommst auf die Welt, umzingelt von Türmen und Gärten, die Jahrhunderte auf dem Buckel haben. Mag diese Architektur auch der

Landschaft abgeschaut sein – die Namen ihrer Schöpfer sind bekannt. Das ist der Sieg über die *vanitas vanitatum*, diese Koordinaten der Beständigkeit und des Fortschritts markieren bestimmte absolute Werte – zu denen auch die besondere, einzigartige und unverwechselbare menschliche Persönlichkeit gehört.«

Solche Lobeshymnen auf Europa habe ich vor zehn Jahren gesungen! Als ich damals das erste Mal im Westen war, glaubte ich, auf einem anderen Planeten gelandet zu sein. Unsere ukrainische Unabhängigkeit war gerade zwei Monate alt, es war Januar, und es gab keinen Schnee, *der junge Staat* lag in Schmutz und Finsternis, der elektrische Strom wurde zwischen sechs und neun Uhr abends abgeschaltet, Kerzen und Streichhölzer verteuerten sich rapide, die Inflation galoppierte, man mußte das Geld so rasch wie möglich ausgeben, zumindest in Alkohol umsetzen, aber Wodka gab es nur auf Karte, dazu die Kälte in den ungeheizten Wohnungen, Engpässe mit der Wasserversorgung und obendrein – dieser Heuler im Fernsehen hatte doch Recht! – *kein Lebensmittel*.

Und nach einem zweistündigen Flug findest du dich, Simpel und Tor, in einer Welt wieder, wo alles anders ist: eine Villa, ein Park, Kronleuchter und Kerzen, Jugendstilöfen, Kirschholzmöbel, Türklinken und -schlösser, Stille, heißes Wasser, Glühwein und – aus dem Fenster kann man die Alpen sehen. Dazu die Verlockung von Reisen und Abenteuer, Zügen und Autobahnen, Gebirgspässen und tausendjährigen Mauern, Bäumen und Türmen – alles, was in meinem hypothetischen »Europa – das ist...« auch nur Erwähnung gefunden hatte, war da. Wie sollte einem da nicht die Idee kommen, daß »den europäischen Menschen die Berge und Wälder geformt haben« und daß »das Sein nach Formvollendung verlangt«.

Ich war verliebt!

Wer kann mir erklären, warum mir heute, genau zehn Jahre später, wo ich zufällig wieder eine Einladung in die

Villa im Park erhalten habe, das alles entglitten und vor meinen Augen verblaßt ist? Woher kommt diese idiotische Einöde der Vorstadt, woher die Müllhalden? Woher die Sowjetisierung des Raumes? Warum erinnert Deutschland immer mehr an *Germaschka*? Warum ist es zehn Jahre später soviel weiter nach Osten gerutscht? Warum hat es seinen westlichen Glanz verloren, ohne von der Wärme des Ostens dazugewonnen zu haben? Wo ist es geblieben? Ist meine Illusion um zehn Jahre kleiner und älter geworden? Hat die ukrainische Landschaft in diesem Jahrzehnt solche Fortschritte gemacht, daß mich die deutsche nicht mehr begeistern kann? Das scheint mir wenig glaubhaft.

Ich vermute, an diesem Verschieben und Verdunkeln haben die *Woolworth*-Menschen einen nicht geringen Anteil. So kommt es immer, wenn es nur ums Nehmen geht.

6

Vor kurzem hat sich in einem kalifornischen Gefängnis der siebenundzwanzigjährige ukrainische Emigrant Mykola Soltys erhängt. Er hatte im Jahr zuvor ganz Amerika erschauern lassen – nachdem er mit einem Messer sechs Menschen getötet hatte, alle aus der Immigranten-Gemeinde, alle aus *seinem Kreis*, unter ihnen auch seine schwangere Frau und sein dreijähriger Sohn. Die besttrainierte Polizei der Welt, die amerikanische, konnte ihn zehn Tage lang nicht fassen, die ukrainisch-russische Gemeinde von Sacramento mied jede Zusammenarbeit, ihre Abgeschlossenheit und Isolation gepaart mit völliger Unkenntnis des Englischen machte es unmöglich, näheres über den Täter in Erfahrung zu bringen. Für einige Zeit befand sich Mykola Soltys auf der von Osama bin Laden angeführten Liste der zehn gefährlichsten *Verbrecher der Welt* (oder auch der *Feinde Amerikas*, gibt es da überhaupt einen Unterschied?), und sein Bild mit den üblichen Attributen des WANTED hing an allen amerikanischen Straßenkreuzungen. Aber die aus Hollywood-Filmen bekannten Superdetektive stöberten ihn schließlich doch auf – im Haus seiner Mutter. Bei der Verhaftung leistete er keinen Widerstand. In einem Monat sollte die Gerichtsverhandlung beginnen. Aber er entzog sich dem Prozeß, indem er sich das Leben nahm.

Was hatte er gewollt? Was hätte er von diesem Amerika gebraucht? Von der Welt? Vom Sein?

Warum verläßt ein Mensch sein Land?

Der Fall Soltys ist ein besonderer Fall, und mein Freund übertreibt gewaltig, wenn er die ganze postsowjetische Emigration heute als die »Soltys-Emigration« bezeichnet. Mein Freund ist Schriftsteller und hat ein Recht auf Übertreibung.

Ich sehe das übrigens ähnlich: mentale Unbestimmtheit, eine Fremdheit der ganzen Welt gegenüber, ein im tiefsten Innern verborgenes Trauma. Eines Tages hat man ein Messer in der Hand, und schon gibt es kein Zurück mehr.

7

Im Autobus, mit dem ich am 2. November 2001 von Lwiw nach München fuhr, befanden sich fast siebzig Personen, er war bis auf den letzten Platz besetzt. Im Bus, mit dem ich am 30. Januar 2002 von München nach Lwiw zurückfuhr, saßen sieben Personen, genau zehnmal weniger. Vielleicht war das Zufall, vielleicht aber auch eine Gesetzmäßigkeit. Eher trifft das zweite zu: Man fährt hin, aber man kommt nicht mehr zurück.

Niemand hat das Recht, anderen die Suche nach einem besseren Leben zu verbieten, auch nicht ein Schriftsteller. Die Migration, mit anderen Worten die *Ausreise zwecks DWS,* ist eine Suche nach einem besseren Leben, unbestritten. Weshalb also machen mich diese Leute so gereizt? Woher kommt dieser fast zwanghafte Drang, sie nicht *zwecks DWS* in mein »Europa – das ist...« ausreisen zu lassen? Zu den

Gärten am Hang unter der Burg, zu den Bögen und Türmen, zu den tausendjährigen Bäumen und Mauern und vor allem – zu den Ketten der Alpen am Horizont vor dem Fenster? Doch all das gibt es nur noch in meiner persönlichen Illusion, ordentlich durchgeschüttelt und immer wieder korrigiert, die nur noch irgendwo in mir, in meinem Innersten, existiert. Denn in Wirklichkeit ist Europa ein sozialistisches *Woolworth* geworden, wo jeder nehmen kann, ohne irgend etwas dafür geben zu müssen.

Ja, daran liegt es wohl, mich ärgert nicht, daß sie ein besseres Leben suchen, sondern daß dieses bessere Leben für sie voll und ganz in den Dimensionen von *Woolworth* aufgeht. Mich ärgert, daß sie von der Welt tatsächlich so bedauernswert wenig wollen: nämlich Sozialhilfe. Daß sie sich vom Sein lediglich einen gebrauchten AUDI oder BMW erträumen. Daß sie von Deutschland die *Germaschka* wollen.

Ich sitze zwischen ihnen im Autobus, ein absurder Spion fast, der unfreiwillig ihre Gespräche mit anhört und schon durch seinen ausgeprägten Unwillen zu kommunizieren Verdacht erregt. Irgendwie ist er keiner von uns. Vielleicht hat ihn der polnische Zoll eingeschleust? Die Interpol? Die Abwehr?

Der Bus ist ein exterritorialer Raum, deshalb benehmen sie sich wie zu Hause. Ich will nichts Schlechtes sagen: Sie sind immer noch echte Kollektivisten, teilen das Essen, den Alkohol und die Zigaretten, schauen die neuesten russischen Gangsterfilme, wo tapfere Moskauer Banditen in den Straßen von Chicago *ukrainische Nationalisten* und *schwarze Untermenschen* abschlachten...

Dann essen sie wieder, trinken und stellen Überlegungen an, dann essen sie noch einmal und tauschen Ratschläge aus, wie man zum Beispiel die nicht mehr fernen deutschen Beamten um den Finger wickeln kann, in ihren Gesprächen tauchen, je näher man dem Grenzübergang in Görlitz kommt, immer mehr entstellte Germanismen auf (*Wonchajm*, sagen sie, und *Fersischerung*, und natürlich *Finanzamp*), denen man aber auch entnehmen kann, daß es keinen Sinn macht, diese *Faschistensprache* überhaupt zu lernen – sie werden ohnehin *im russischen Rayon wohnen*. Dann ist die Zeit gekommen für weltanschauliche Gemeinplätze wie: *die Deutschen leben deshalb so gut, weil sie gut arbeiten; aber andererseits, wenn wir solche Löhne hätten, würden wir auch gut arbeiten*. Eine solche Entdeckung jagt die andere: *die Deutschen sind aber wirklich ein kultiviertes Volk*, oder: *verbohrt sind sie, diese Deutschen, und Humor haben sie überhaupt keinen*. Was soll man da machen, die Sowjetmenschen haben bis heute ein ausgeprägtes Gefühl für Xenophobie und Internationalismus zugleich.

Dann ist die Zeit für jene Witze gekommen, die sich vorwiegend um weibliche Geschlechtsorgane drehen. Ich kann daran nichts Witziges finden, ich bin wohl auch verbohrt und habe keinen Humor. Macht nichts, denke ich mir, noch sieben bis acht Stunden durchhalten, und ich bin euch los für ganze drei Monate! Irrtum: immer wieder werde ich während meines Aufenthalts diesen bekannten Gesichtern begegnen und auf Schritt und Tritt so viel russische Sprache hören, daß die hiesige, *faschistische,* in der Tat geradezu entbehrlich scheint.

Alles geht seinen gewohnten Gang. Erfahrene *Personen mit DWS* erklären den Neuankömmlingen von oben herab die Spielregeln in Deutschland, verschreckte Pensionäre (sind sie gekommen, um hier zu sterben?) sind bereit, jeden Unsinn zu glauben, aufgeregte illegale Billiglohnarbeiter, deren Weg über München nach Italien führt, fangen schon mal an, ihre an den intimsten Stellen versteckten grünen Dollarnoten zu zählen, und von Zeit zu Zeit dringen Namen an mein Ohr, die für mich eine völlig andere, ja diametral entgegengesetzte Konnotation haben: Florenz, Ravenna, Neapel...

Vor der letzten Grenze hält man uns an. Weiter vorn ist

das echte Europa, Europa-1, also das Beste, was Europa zu bieten hat – die Zone des Schengener Abkommens, so gut wie ohne Grenzen, eine Chimäre, die wirklich geworden ist, die Reisefreiheit.

Unsere Pässe werden von den Polen eingesammelt, zurückgegeben werden sie uns schon von den Deutschen. Wir müssen aus dem Bus aussteigen und an einem bestimmten Punkt mehr als eine Stunde warten. Einige der Pensionäre schauen angstvoll zu den deutschen Polizisten hinüber, weniger zu ihnen als zu ihren Schäferhunden. Das ruft bei manchem Erinnerungen wach. Das menschliche Denken ist assoziativ.

Dann taucht eine große, rothaarige Polizistin mit unseren Pässen auf. Sie bezieht an der Tür des Busses Stellung und befiehlt dem Fahrer, uns namentlich aufzurufen, in der Reihenfolge, in der die Pässe gestapelt sind. Unsere Familiennamen sind ukrainisch, russisch und teilweise auch jüdisch eingefärbt. In den Bus steigen wir in eben dieser Reihenfolge ein, einer nach dem anderen, nachdem wir ein diszipliniertes »я!« (oder vielleicht schon »ja«!) gerufen und aus den resoluten Händen der ebenso großen wie wachsamen Brünhilde unseren persönlichen Passierschein in die Welt von *Woolworth* erhalten haben.

Das Tor nach Germanien öffnet sich mit langsamem Knarren, Trompeten spielen, der bis auf den letzten Platz besetzte Bus fährt an.

2002

Das Imperium, der Tod?

Ich hatte mich kaum zwanzig Schritte von der mit allem Erdenklichen (Lichtern, Schaufenstern, schönen und verschiedenen Frauen, Speisen, Bier, Kindern, Hunden, Straßenmusikanten und Luftballons) überfüllten Kärtnerstraße entfernt. Vor mir die nicht gerade auffällige Kapuzinerkirche, und ich hätte sie wohl kaum je betreten, hätte ich nicht gewußt, wozu man dieses betont arme Gotteshaus eines betont armen Ordens vor dreihundertundfünzig Jahren ausgewählt hatte. Eben dort, genauer, in der Kapuzinergruft, wurden seit 1633 (diese Jahreszahl fand ich später) die erlauchten Leiber der Monarchen aus dem Hause Habsburg bestattet.

Die Frau am Eingang, eine für meine Begriffe typische alte Wienerin, eine Hüterin von Gott, Heimat und Tradition, verkaufte die Eintrittskarten ins Reich der Toten. Die Schilder an den Wänden forderten auf, die Stille einzuhalten, die heilige Ruhe nicht zu stören und nicht mit kleinen Kindern einzutreten. Kinder können in der Tat manchmal nicht den gebotenen Ernst wahren, Hunde auch nicht. Knapp zwanzig Meter den Gang entlang, dann nach rechts und über die Treppe nach unten, und dann »hauchte mir diese riesige halberleuchtete Grube Kälte und Tod ins Gesicht« – so hätte ich meinen ersten Eindruck beschreiben können, wenn ich Sinn für veraltete gotische Effekte gehabt hätte.

Zehn Kaiser, fünfzehn Kaiserinnen und fast hundert ihrer nächsten Verwandten, Erzherzöge, Erzherzoginnen, Prinzen und Prinzessinnen, liegen in diesen wahrhaft kalten und wahrhaft finsteren nächtlichen Kammern. Nicht alle Habsburger kehrten am Ende ihrer irdischen Reisen nach Hause zurück: diese wurde in Paris guillotiniert, jener in Sarajewo erschossen. Doch hier, in diesen hallenden leeren Gewölben und nicht in Palästen und Schlössern, befindet sich heute das

»hiesige« Epizentrum einer glanzvollen, vom Schicksal verfolgten und (wie alle anderen) unglücklichen Dynastie.

Was war dort, damals, früher, einst? Sie gingen auf die Jagd mit Hunden oder Falken, veranstalteten Bälle und Andachten, Gastmähler, Militärparaden, Volkszählungen. Sie erwarben Länder, sammelten Kostbarkeiten, Gemälde, Kollektionen afrikanischer Lebewesen und Mißgeburten in Spiritus. Sie erließen Gesetze, besuchten die Oper, unterstützten Mozart, unterhielten Salieri, diktierten ihren Willen, gingen Ehen mit anderen Dynastien ein, führten die Linie weiter, unterbrachen sie, verstießen gegen die Reinheit mit Mesalliancen und Ehebruch, vermischten blaues Blut mit rotem oder sogar schwarzem. Denn die Herzen der Monarchen sind kein bißchen mehr aus Stein als die der übrigen Menschen. Liebe, Sex, Politik, Intrigen und Einflüsterungen – mehr als genug davon muß seinen Weg durch sie genommen haben.

Die Herzen wurden übrigens nach dem Ritual gesondert bestattet. Nach dem Tod einer jeden kaiserlichen Persönlichkeit öffneten die versiertesten Chirurgen des Reichs deren erlauchten Leib und holten das Herz heraus. Man legte es in eine besondere Silberschatulle, die man in der Krypta einer anderen Kirche, der der Augustiner, zur ewigen Ruhe bettete. Die restlichen Organe wurden auch abgesondert und in Urnen in den Gewölben des Stephansdoms bestattet – Mägen, Lungen, Nieren. Man legte die Habsburger völlig leer und leicht in ihre Särge, gerüstet für den schwerelosen Tanz im Jenseits...

Die Grimasse des Todes, dieses unappetitlich dürren Gerippes mit der Kaiserkrone auf dem Schädel, begleitete mich durch die traurigen unterirdischen Hallen – ich erblickte sie auf einem der Sarkophage und konnte sie nicht mehr vergessen. Dort konnte man die Geschichte Österreichs lernen (Daten, Namen, Genealogien), die Geschichte der Kunst (Barock-, Rokoko-, Empire-, Biedermeiersärge, Särge im Jugendstil), die Geschichte der Pracht und Eitelkeit, der vanitas vanitatis. *Die Geschichte des Alterns und der Krankheiten, die allgemeine Geschichte des Todes. Man konnte seine Schlüsse ziehen über das Vergehen und die Vergänglichkeit, über die Gleichheit vor dem Wesentlichsten, dem Traurigsten. Über die Zeit, die Zeitlosigkeit und die Ewigkeit.*

Aber ich war nicht in der Lage, mich auf diese wichtigen Dinge zu konzentrieren – ganz in der Nähe, oben unter freiem Himmel, weniger als hundert Meter entfernt, verlief die von allem Erdenklichen (Düften, Blicken, Gesten, Flirts, Gefühlsaufwallungen) bevölkerte Kärntnerstraße, lief es weiter, das Leben, wie es ist.

Anmerkungen des Autors

Desorientierung vor Ort

Poltawa In der verlorenen Schlacht von Poltawa (1709) hatten die Schweden unter Karl XII. mit den ukrainischen Kosaken unter Hetman Iwan Masepa gegen die russischen Truppen Peters des Großen gekämpft. Für die Ukraine war die Niederlage tragisch, denn von diesem Moment an begann die aggressive und grausame russische Kolonisierung des Landes.

Carpathologia Cosmophilica

Südpokutien ukr. »Pivdenne Pokuttja« – historische Region im südöstlichen Galizien, die an die Bukowina grenzt, mit vorwiegend huzulischer Bevölkerung.

Planetnyky natürlich von »planeta«, Planet, doch das Wort existiert nur im huzulischen Dialekt; *planetnyk* bedeutet soviel wie »Magier, Hexenmeister«.

Gartenberg-Passage in Stanislau, heute Iwano-Frankiwsk, ein markantes Gebäude aus dem »Goldenen Zeitalter« (Jahrhundertwende, Donaumonarchie usw.). Für uns junge Künstler und Literaten war die Gartenberg-Passage Anfang der neunziger Jahre ein Symbol der ehemaligen »europäischen, galizischen Multikulturalität«. Wir wollten dort ein Zentrum für moderne Kunst eröffnen, doch dann kamen die »neuen Reichen«. Heute ist die Gartenberg-Passage Einkaufszentrum.

Philippe de Mèziérs (1327?-1405) – französischer Dichter, »der letzte Ideologe des Kreuzzuges«.

Audon de Deille (12. Jahrhundert) – französischer Chronist des zweites Kreuzzuges.

Hamalija der erfundene Kosakenataman in Taras Schewtschenkos lyrisch-epischem Debüt »Kobsar« (1840). Wie die beiden Franzosen hat auch er gegen die Türken gekämpft und – wie im »Kobsar« nachzulesen – prachtvolle Beute aus dem Orient mitgebracht.

Riesen in Zelttuchjacken die Sowjets, die bei uns zwischen Spätherbst 1939 und Juni 1941 Abertausende von Menschen nach Sibirien und in den Gulag deportierten und Mordaktionen durchführten. Die Opfer waren vorwiegend »Leute aus der Mittelschicht«, ehemalige Staatsbeamte und Offiziere, Studenten, wohlhabende, aber nicht unbedingt reiche Bauern, die Intelligenz, ehemalige Aktivisten verschiedener bürgerlicher Gesellschaften, Parteien und Vereine. Besonders viele Menschen wurden in den ersten Kriegstagen, im Juni 1941, erschossen; Hitlers Wehrmacht rückte vor, die Bolschewiki wollten keinen »Feind des Volkes« am Leben lassen, es war die Zeit des Massenmords. Das ist auch der Grund, warum die Deutschen von vielen als Befreier begrüßt wurden. Die Deutschen öffneten die Gefängnisse und Folterkammern der Sowjets und erlaubten der hiesigen Bevölkerung, die Leichen ihrer Verwandten zu suchen und zu begraben. Längst nicht alle Orte des Massenmords wurden gefunden. Erst in den Jahren 89-91, als das sowjetische System am Ende war, kam es zu neuen Suchaktionen und Ausgrabungen (an denen ich damals teilnahm). In den Karpaten stieß man auf viele alte, nicht mehr betriebene Brunnen, in denen unter einer Schicht aus Müll und Schutt menschliche Knochen und Schädel gefunden wurden. Typisch war ein Loch im Hinterkopf – offenbar war es Methode, die Leute von hinten zu erschießen.

Olha Kobyljanska Czernowitz (Bukowina), die Heimatstadt von Paul Celan, war zur kaiserlich-königlichen Habsburger Zeit viersprachig; gegenüber dem Jiddischen, Ruthenischen (d. h. Ukrainischen) und Rumänischen dominierte jedoch das Deutsche. Auch Olha Kobyljanska (1863-1942), die seit 1891 in Czernowitz lebte, schrieb manche ihrer Texte auf deutsch, und es ist noch heute interessant zu lesen, wie sie neue westliche Ideen, z. B. Freuds Psychoanalyse in die sehr konservative, »volkstümliche« ukrainische Literatur eingeführt hat.

Fedkowytsch sein schönes Deutsch wird zitiert nach der 1910 in Lemberg erschienenen »ersten vollständigen und kritischen Ausgabe seiner Schriften« *Pysanja Osypa Jurija Fed'kovyča. Perše povne i krytyčne vydanje.* Bd. IV, L'viv 1910, S. 636, 638, 639, 641, 642f.

Stambul Anfang der neunziger Jahre erlebte unsere Gesellschaft eine riesige »Basar-Bewegung« nach Stambul (Istanbul) und zurück mit verschiedenen Waren wie Teppichen, Pullovern, Pelz- und Lederbekleidung etc. Für viele Leute, die ihre Arbeit verloren hatten, waren diese »orientalischen Basar-Kreuzzüge« die einzige materielle Rettung. Diese »wandernden Kaufleute« der postsowjetischen Zeit haben dann alles Türkische auf unseren Basaren (Märkten) verkauft. Einer der größten entstand in Czernowitz – eine riesige Fläche mit Tausenden Zelten und Ladentischen. Vgl. S. 16.

Kosiw und Rachiw liegen unweit der rumänischen Grenze, aber ziemlich weit voneinander entfernt; ihre Regionen waren einmal für eine faszinierende, originelle Volkskultur berühmt. Fünf Kilometer von Rachiw entfernt liegt das geographische Zentrum Europas, zumindest nach Meinung der k.-u.-k.-Geographen, die es ermittelt haben. Ein Obelisk aus der Habsburger Zeit markiert den Punkt.

Das Stadt-Schiff

Halytsch heute ein Provinzstädtchen am Dnister, etwa 20 Kilometer von Iwano-Frankiwsk entfernt, war Halytsch vom 12.-14. Jahrhundert Hauptstadt des mächtigen Fürstentums Galizien-Wolhynien. (Der Name »Galizien« – ukr. »Halytschyna« – geht auf »Halytsch« zurück. Fürst Danylo (1201-1264), der Gründer Lwiws, wurde für seine Erfolge im Kampf gegen die Mongolen vom päpstlichen Gesandten 1253 zum König gekrönt. Mitte des 14. Jahrhunderts fiel Galizien zum größten Teil an das Königreich Polen.

Lwiw von Lew (russ./ukr.: Löwe, auch Leo, der männliche Vorname). Danylo nannte seine neue Stadt nach seinem Sohn: Lwiw, Leopolis, Löwenstadt. Der Name Lemberg kam mit den Deutschen, die im 14. Jahrhundert in die Stadt einwanderten.

Kornjakt Konstantin Kornjakt, ein griechischer Kaufmann, einer der reichsten Donatoren für orthodoxe Kirchen und Kloster der Rzeczpospolita, der polnischen Adelsrepublik des 16.-18. Jahrhunderts.

Erz-Herz-Perz

Terrorist Sitschynskyj der ukrainische Student Myroslaw Sitschynskyj erschoß im Jahre 1908 den galizischen Gouverneur, Graf Andrzej Potocki – eine politische Aktion, die die Weltöffentlichkeit auf die Lage der galizischer Ukrainer aufmerksam machen sollte; Sitschynskyj wurde zunächst zum Tode, dann zu einer zwanzigjährigen Haftstrafe verurteilt, konnte aber 1911 nach Amerika fliehen.

Moskophilie Teile der galizisch-ukrainischen Intelligenz orientierten sich politisch und kulturell an Moskau und an Rußland, gleichsam die russische »fünfte Kolonne« in Österreich-Ungarn.

Vergessenheit aus dem Zyklus *Spurensuche im Juli;* zit. nach Juri Andruchowytsch, Spurensuche im Juli. Reichelsheim, 1995. Übersetzt von Anna-Halja Horbatsch.

Stanislawiw ist der älteste ukrainische Name von Stanislau. Die Sowjets, die im September 1939 Galizien besetzten, änderten ihn in »Stanislaw«. Seit 1962 heißt die Stadt »Iwano-Frankiwsk«.

Wasyl Stefanyk (1871-1936) wichtiger ukrainischer Schriftsteller des *fin de siècle*, ein Meister der kurzen Erzählung. Er war Landarzt im galizischen Dorf Rusiw, wo er an den Suff kam und zugrunde ging.

Das Stanislauer Phänomen

zwei verschiedene Städte der Name unserer Stadt geht auf ihren Gründer, den polnischen Magnaten Andrzej Potocki zurück, der sie 1662 nach seinem Sohn Stanisław nannte. Der Sowjetmacht hat das nie besonders gefallen – warum der Name eines polnischen Grafen und »Ausbeuters«? 1962 wurde sie zu Ehren des bedeutenden ukrainischen Schriftstellers, politischen Aktivisten und Journalisten Iwan Franko (1856-1916) umbenannt. Man hätte »Frankiwsk« vorgezogen, doch in Spanien regierte der Diktator Franco, und die Stadt mußte »Iwano-Frankiwsk« heißen.

Euroremont ein neuer Begriff für Renovierung (*remont*, russ. und ukr. Reparatur) in teuerstem, technisch aufwendigem »westlichen« Stil, etwas wie »Renovierung nach europäischer Art«.

Desinformationsversuch

masochistische Selbstvergessenheit die regionalen Divergenzen sind für die Ukraine und ihre Gesellschaft sehr schmerzhaft, man muß schon Masochist sein, um sich all dessen zu erinnern; zudem ist die Ukraine bekanntlich die Heimat von Leopold von Sacher-Masoch, mithin das Ursprungsland des Masochismus.

Donbas-Hegemon spielt natürlich auf die leninsche Bezeichnung des Proletariats als der »hegemonischen Klasse« an.

Wiktor Neborak Bu-Ba-Bu-Prokurator vgl. entsprechende Anmerkung zu *Kleine intime Städtekunde*.

orange Alternative die polnische Studentenbewegung Ende der achtziger Jahre, zur Zeit der Wende. Die Orangen verwandelten politische Demonstrationen in eine Art surrealen Karneval, sie formulierten absurde »politische« Ideen (»Weg mit dem Frühling!«) und machten mittels dieser karnevalistischen Methoden die Polizei »unschädlich«, d. h. lächerlich und ratlos.

Noworossija der zaristische Name für die südlichen Gebiete der Ukraine, die Ende des 18. Jahrhunderts kolonisiert wurden.

drewljanischen von *drewljany* (»die Baumleute«), ein alter slawischer Stamm, der das heutige Polesien besiedelte.

arische Fichte Anspielung auf die nationalistischen Theorien von der »echten arischen Herkunft« der Ukrainer.

Anatoli Onoprijenko in Polesien geborener Serienmörder der neunziger Jahre, der 40 bis 50 Leute umbrachte, ehe er 1998 verhaftet wurde; ein Psychopat mit messianischen Ideen (»ich bin gekommen, euch zu bestrafen«). Er wanderte von Polesien durch Wolhynien nach Galizien, Mordopfer säumten seinen Weg. Vor Gericht erklärte er sich für geistig gesund und forderte die Todesstrafe für sich. Da diese in der Ukraine bereits aufgehoben war, wurde er zu lebenslanger Haft verurteilt.

Krzysztof Czyżewski polnischer Schriftsteller, Begründer der Stiftung »Pogranicze/Borderland«, Herausgeber der Zeitschrift *Krasnogruda*.

Drei Sujets ohne Auflösung

einzigartigen Staates unser Staat ist so einzigartig, daß seine Bürger nur dank dieser Basar-Verhältnisse überleben können – für die Polen in den Grenzgebieten höchst befriedigend, weil der Handel vor allem für sie einträglich ist.

Orląt poln. »kleiner Adler«, bezieht sich auf die polnischen Jugendlichen aus Lwiw, die meisten von ihnen Teenager, die im November 1918 gegen die Ukrainer für die Stadt kämpften. Die Frage, wer damals ein echter Held war und wer nicht, ist für die älteren Generationen der Polen und Ukrainer bis heute sehr schmerzhaft und konfliktreich.

Urizkij ein Bolschewik aus Lenins sog. »Garde«, der keine Beziehung zu unserer Stadt und Region hatte, da er nie hier gewesen ist. Er war nicht einmal eine herausragende Persönlichkeit unter den alten Bolschewiki. Ich habe keine Ahnung, warum einer der wichtigsten historischen Plätze unserer Stadt zur Sowjetzeit gerade ihm zu Ehren umbenannt wurde.

Sarmatenseele der polnische Adel (»szlachta«) des 16. bis 18. Jahrhunderts hatte sich mit großem Stolz so etwas wie eine »sarmatische Idee« auserkoren. Die echten Sarmaten zogen im Altertum (1.-4. Jh.) auf dem Gebiet der heutigen Ukraine und in Polen umher. Nach dem Verständnis der Szlachta waren sie die historischen Vorfahren der Polen (was nicht stimmt, da die Sarmaten ein iranisches Volk waren). Ein echter »Sarmate« zu sein bedeutete: viel kämpfen, viel trinken, luxuriös leben – wild, anarchistisch, leidenschaftlich und aristokratisch. Eine Ästhetik des Lebens also, ein *life-style*.

Shevchenko is ok

Bohdan Zaleski (1802-1886) polnischer Dichter, Begründer der sog. »ukrainischen Schule« der polnischen Romantik.

Joachim Lelewel (1786-1861) der einflußreiche polnische Historiker und Politiker, Ideologe der Demokratie.

And I also know yob tvayu mat' sensationell dieser Eindruck: ein schwarzer Puertorikaner, der Schewtschenko verehrt und den schlimmsten aller russischen Flüche kennt – *job tvaju mat'* (wörtlich etwa »fick deine Mutter«).

Tschernobyl, die Mafia und ich

meistdekorierte Klassiker gemeint ist Oles Hontschar, offizieller ukrainisch-sowjetischer Klassiker, Leninpreisträger, Bonze des Sozrealismus usw. Nach der Katastrophe 1986 änderte er seine Haltung zum Regime radikal, in seinen letzten Lebensjahren wurde er Antikommunist und »Nationalkämpfer«. Sogar die alten Dissidenten haben ihm seine frühere Kollaboration verziehen.

basar-woksal wörtl. »Markt-Bahnhof«, ein Wortspiel mit einer idiomatischen Form im ukrainischen und russischen Slang, die dem westlichen »bla-bla-bla« vergleichbar ist, aber mit tiefer Symbolik: das Leben der postsowjetischen Menschen als ewiges Pendeln zwischen »basar« und »woksal«.

Kleine intime Städtekunde

nicht auf den Kiewer, sondern auf den Rachiwer ein nur ironisch vorzutragender, spezifisch ukrainischer Kontrast: das Karpatenstädtchen mit seinen 20 000 Einwohnern, geographisches Zentrum Europas, und die Hauptstadt, eine Metropole mit vier Millionen Einwohnern.

Tamburken Neologismus, von *tambur*, ein Wort, für das es nicht nur keinen deutschen, sondern überhaupt keinen westlichen Ausdruck gibt, da die entsprechenden Eisenbahnwaggons dort nicht (mehr?) existieren. Gemeint sind die beiden Plattformen am Anfang bzw. Ende jedes Waggons unmittelbar neben dem Ausstieg – eine Stelle, deren Bedeutung für die Kommunikation nicht überschätzt werden kann. Dort ist das Rauchen erlaubt! Die Passagiere kommen zu vertraulichen Gesprächen zusammen, zum Trinken, Flirten, manchmal auch für eine Prügelei.

Bohdan Ihor Antonytsch (1909-1937) war der Lieblingsdichter meiner Jugend. Er stammte aus dem Gebiet der Lemken (heute in Polen), lebte in Lwiw und schrieb phantastisch neue, für die damalige ukrainische Poesie unerhörte Gedichte mit stark surrealistischem Einschlag. Vgl. auch *Drei Sujets ohne Auflösung*.

sowok, sowoUkr der Slangausdruck *sowok* gilt dem Sowjetsystem, überhaupt allem Sowjetischen, auch im menschlichen Verhalten; ausgesprochen negative, verächtliche Bedeutung (*sowok* ist auf ukrainisch die Kehrschaufel); ukrainisch-sowjetische Spielart: *sowoUkr*.

Vogelreich gemeint sind die seligen Alten, die noch die habsburgischen und polnischen Zeiten erlebt haben und in meiner Erinnerung nichts mit den *sowok* gemein hatten. »Wahrscheinlich bildeten sie wirklich einen Geheimbund, einen esoterischen kaiserlich-königlichen Klub, benannt nach Bruno Schulz, obwohl ihre Konspiration viel zu auffällig war und so offensichtlich und plump daherkam, daß sie völlig funktionslos erschien, genauso wie ihre Kenntnis lateinischer Sprichwörter. Als Kind liebte ich es, sie zu beobachten, ihre vogelähnliche Mimik.« (*Mitteleuropäisches Memento* in: Juri Andruchowytsch/Andrzej Stasiuk: Mein Europa. Transit XX, 2000) Dort spielt auch das Exil herein: die Vögel, die zur Winterzeit »emigrieren«.

Rock-Oper »Stepan Bandera« Bandera (1909-1959) war eine der wichtigsten Figuren in der ukrainischen nationalistischen Bewegung des 20. Jahrhunderts. 1936 als Leiter der Terrororganisation von den Polen zu siebenmal lebenslänglich (!) verurteilt, kam er 1939 durch die Deutschen frei, die ihn aber schon im Juni 1941 wieder verhafteten, da er die staatliche Unabhängigkeit der Ukraine proklamierte. Fast bis Kriegsende saß er im KZ Sachsenhausen, zwei seiner Brüder wurden in Auschwitz ermordet. Nach dem Krieg organisierte er als Führer der nationalistischen Partei ein Zentrum des Exils in München, wo er 1959 von einem sowjetischen Agenten erschossen wurde. Für viele Ukrainer aus der Westukraine, besonders aus Galizien, ist Bandera Nationalheld und Verteidiger der Heimat, d. h. Symbol und Idol, für die Ukrainer im Osten dagegen vor allem Bandit und Terrorist.

Während der Sowjetzeit war er tabuisiert, offiziell existierte er nicht, und wenn überhaupt, durfte man nur absolut negativ von ihm sprechen. Deshalb schien diese Rock-Oper in den siebziger Jahren, als Rockmusik ebenfalls tabu war, eine doppelte Sensation zu sein: verbotene Musik zu einem strikt verbotenen Helden. Ich bin fast sicher, daß diese »konspirative Oper« nur als »Legende« existierte, denn der allgegenwärtige KGB hatte alles unter Kontrolle.

Waleri Demjanyschyn Lwiwer Künstler, vor allem Graphiker, aus dem tiefsten Underground, »asozial«, Hippie, oft betrunken, schmutzige Jeans, lange Haare – für mich damals das Ideal der freien Persönlichkeit. Sieht heute noch genauso aus und bedankt sich mit kleinen Sticheleien für die Passage in diesem Text. Vielleicht ein »ewiger Wanderer«.

Wujky heißt die halblegendäre Rockband, die »Stepan Bandera« spielen sollte.

Ihor Kalynez einer der besten inoffiziellen Lyriker der sechziger und siebziger Jahre. 1972 wurden er und seine Frau, ebenfalls Schriftstellerin, wegen »antisowjetischer Propaganda« (d. h. für seine sehr raffinierte und völlig apolitische Lyrik) zu neun Jahren Lagerhaft verurteilt. Er saß im Straflager am Ural und schrieb dort weitere neun Lyrikbücher (natürlich nur für den Samisdat). 1981 kehrte er nach Lwiw zurück und schrieb nur noch Prosa und Kindergeschichten – bis heute.

Hryhori Tschubaj (1949-1982) herausragender ukrainischer Dichter nicht nur in seiner Zeit, bis heute hoch aktuell, eine der Schlüsselfiguren des Lwiwer Underground, Fabrikarbeiter, Publikationsverbot, vom System unerbittlich verfolgt, starb mit 33 Jahren an einer Krankheit, die aber mehr nach Freitod aussah.

Fest fürs Leben der Titel von Hemingways autobiographischem Buch »A moveable feast« wurde bei uns, vielleicht wegen der kirchlichen Konnotation, als »Feier, die immer mit dir ist«, übersetzt. Das Buch war unglaublich populär, sein Titel ein Idiom für ein strahlendes, künstlerisches Leben.

Bu-Ba-Bu Abkürzung für BUrlesque-BAlagan (Schaubude)-BUffonade; poetische Gruppe, deren Perfomances, Happenings und anderen ästhetisch-gesellschaftlichen Provokationen bereits eine Legende der neueren ukrainischen Literatur geworden sind. 1985 gegründet, existierte sie bis Mitte der neunziger Jahre und bestand aus Juri Andruchowytsch (Patriarch), Wiktor Neborak (Prokurator) und Oleksander Irwanez (Schatzmeister).

Malbork und die Kreuzritter

vier universale Sujets bezieht sich auf den Gedanken von Jorge Luis Borges, wonach alle menschlichen Geschichten immer nur Varianten von vier Hauptgeschichten sind.

sarmatisch-verwegenen polnischen Haudegen vgl. die entsprechende Anmerkung zu *Drei Sujets ohne Auflösung*.

Schostkin-Tonband Schostka – eine Stadt in der Ukraine, wo zur Sowjetzeit Tonbänder produziert wurden.

самиця єгу, побачивши поблизу молодих самців ... Wenn das Yahoo-Weibchen in der Nähe junge Männchen wahrnimmt, pflegt es sich hinter Büschen oder einem Hügel zu verstecken, von dort immer wieder hervorzublicken und dabei seltsame Gebärden zu vollführen; gleichzeitig sondert es, wie man festgestellt hat, einen üblen Geruch ab // Nein, ich tanze nicht, antwortete sie // Thank you. You have beautiful breasts // Und er läßt sie nicht mehr los, schiebt ihr die Hand unter die Knie // Dort küßten wir uns, und dort berührte ich sie zum ersten Mal richtig // und jetzt umfaßte sie ihn mit allen Vieren und zeigte eine solch offene Bereitschaft, als hätte sie sich jahrelang in allen unseren Träumen nur Liebesspielen hingegeben // Allein vom Bettlaken kann ich dir sagen, wie und wie oft die Gäste gevögelt haben // Sie dachte daran (mußte daran denken), daß ihr Vater mit ihrer Mutter eben dieses Schreckliche getan hatte, was man jetzt mit ihr machte // Mein Körper wurde zu einer Welle, und ich bat ihn, in mich einzudringen und anzufangen // Palkitsin hänet maidolla ja hunajalla, joita aloin vuotaa –

Zone Slang für Lager, Gefängnis, Strafanstalt.

Nachwort

Die Essays, die dieser Band versammelt, sind im Lauf des letzten Jahrzehnts entstanden. Einige sind datiert, weil gewisse Realien heute nicht mehr aktuell sind. Zwischen dem ältesten, *Erz-Herz-Perz*, und dem jüngsten, *Treffpunkt Germaschka*, liegen acht Jahre – acht Jahre Reisen, Rückkehr, Beobachtungen, Entzückungen, Enttäuschungen. Die Enttäuschungen überwiegen, was meines Erachtens dem Schreiben zugute kommt. So gesehen, hatte ich Glück – ich wurde oft und tief enttäuscht.

Im übrigen lebte ich dahin.

Aus den erwähnten Umständen resultiert eine gewisse Ungleichheit und – aus der Sicht des Autors – eine »Ungleichberechtigung« der Texte.

In einigen dominiert das Bedürfnis, zu mythologisieren und zu mystifizieren, der Wunsch, ein ureigenes Territorium zu suchen, eine höchst eigene *ukraina* (»Grenzland«), die (genau wie die großgeschriebene »Ukraine«) der Welt völlig unbekannt ist. Ich konnte mir diese Gelegenheit, gezielte Desinformation zu betreiben, nicht entgehen lassen.

In anderen Essays, die sich vor allem an ukrainische Leser richten, habe ich buchstäblich herauszuschreien versucht, daß es mir nicht paßt, wo wir heute angekommen sind und was für ein Erscheinungsbild wir bieten. Das hat mein Publikum polarisiert: Für die einen stehe ich kurz davor, zum nationalen Propheten zu avancieren (grausige Vorstellung!), für die anderen bin ich ein Nestbeschmutzer, der sich kaufen läßt, um dem Westen zu helfen, unsere Eigenart zu zerstören.

Ich wage zu hoffen, daß die einen wie die anderen meine realen Möglichkeiten etwas überschätzen.

Doch unvermeidlich finden sich in diesem Buch auch Passagen, in denen ich mich um einen lyrischen Zugang bemühe, darum, individuelle und intime Wege der Verständigung mit der Welt diesseits und jenseits aller möglichen Grenzen zu finden. Das heißt, ich stelle mir schon zum unzähligsten Mal die Frage, ob unsereiner überhaupt noch in der Lage ist, ein solches Verständnis zumindest zu erspüren.

Nachdem das Buch in Polen erschienen war, habe ich zu meiner Verblüffung von vielen Lesern gehört, es sei sehr politisch, was auf meiner Werteskala keinesfalls als Tugend figuriert. Allerdings kann ich diese Zuordnung dann akzeptieren, wenn man »politisch« relativ weit faßt – als eine Art von individuellem *cognitive mapping*. Zweifellos wurden einige Essays durch ein konkretes politisches Ereignis ausgelöst, wie z. B. die letzten Präsidentschaftswahlen in der Ukraine, und waren somit nicht ganz frei von provisorischen, heute schon wieder veralteten Beobachtungen und Verallgemeinerungen. Deshalb haben wir versucht, da und dort den Schimmelbelag »der Zeitnähe« loszuwerden. Ich hoffe, wir haben es schmerzlos geschafft.

Der bedeutendste ukrainische Philosoph der Barockzeit, der große Wanderer Hryhori Skoworoda hinterließ als ein eigenartiges geistiges Epitaph den Satz: »Die Welt hat versucht mich einzufangen, es ist ihr nicht gelungen.« Mir persönlich läge die umgekehrte Maxime näher: »Die Welt hat versucht mich zu fangen, und ich helfe ihr dabei so gut ich kann.« Aus diesem Grunde hatte die ukrainische Ausgabe meiner Essays den Titel *Desorientierung vor Ort*. Was den Titel *Das letzte Territorium* betrifft: ich hoffe, es steckt mehr Hoffnung als Verzweiflung darin.

Februar 2003

Bibliographische Notiz

Desorientierung vor Ort, Carpathologie Cosmophilica, Das Stadt-Schiff, Erz-Herz-Perz, Zeit und Ort oder Mein letztes Territorium, Drei Sujets ohne Auflösung, Das Imperium, der Tod? wurden dem Band *Desorijentazija na miszewosti*, Iwano-Frankiwsk 1999, entnommen.

Das Stanislauer Phänomen, Desinformationsversuch, Shevchenko is ok, Tschernobyl, die Mafia und ich sind bisher nur in polnischer Übersetzung in der *Gazeta Wyborcza* erschienen.

Kleine intime Städtekunde, Malbork und die Kreuzritter, Treffpunkt Germaschka sind in der Kiewer Zeitschrift *Krytyka* erschienen, *Treffpunkt Germaschka* zuerst in *KAFKA. Zeitschrift für Mitteleuropa*, Berlin 2002.

Inhalt

Desorientierung vor Ort 9

Carpathologia Cosmophilica 12
Das Stadt-Schiff 28
Erz-Herz-Perz 38
Das Stanislauer Phänomen 51

Zeit und Ort oder Mein letztes Territorium 60
Desinformationsversuch 72
Drei Sujets ohne Auflösung 88
Shevchenko is ok 97

Tschernobyl, die Mafia und ich 115
Kleine intime Städtekunde 123
Malbork und die Kreuzritter 138
Treffpunkt Germaschka 158

Das Imperium, der Tod? 175

Anmerkungen des Autors 179
Nachwort 189
Bibliographische Notiz 191